Ernst F. Reinking

Mathematische Routinen VC 20

Anwendung von Microcomputern

Herausgegeben von Dr. Harald Schumny

Die Buchreihe behandelt Themen aus den vielfältigen Anwendungsbereichen des Mikrocomputers: Technik, Naturwissenschaften, Betriebswirtschaft. Jeder Band enthält die vollständige Lösung von Problemen, entweder in Form von Programmpaketen, die der Anwender komplett oder in Teilen als Unterprogramme verwenden kann, oder in Form einer Problemaufbereitung, die dem Benutzer bei der Software- und Hardware-Entwicklung hilft.

Band 1 Digitale Regelungen mit Mikroprozessoren
von Norbert Hoffmann

Band 2 Wahrscheinlichkeitsrechnung, Statistik
von Dietmar Herrmann

Band 3 Mathematische Routinen VC 20
von Ernst F. Reinking

Anwendung von Mikrocomputern Band 3

Ernst Friedrich Reinking

Mathematische Routinen VC 20

Elektrotechnik/Elektronik

mit 24 Programmen

Friedr. Vieweg & Sohn   Braunschweig/Wiesbaden

1983

Umschlaggestaltung: P. Lenz, Wiesbaden
Satz: Vieweg, Braunschweig

ISBN 978-3-528-04234-9   ISBN 978-3-322-88832-7 (eBook)
DOI 10.1007/978-3-322-88832-7

Inhaltsverzeichnis

Vorwort

Mit der Markteinführung der Mikrocomputer hat sich der Anwendungsbereich des Computers erheblich verändert. Wurde noch bis vor kurzem der Zentralcomputer überwiegend nur bei sehr komplexen Kalkulationen angewandt, so übernehmen heute preisgünstige, dezentralisierte Mikrocomputer einen großen Teil dieser Aufgaben und werden darüber hinaus auch für einfachere Routinearbeiten eingesetzt, die bisher — nicht zuletzt aus Kostengründen — ohne Computerhilfe durchgeführt werden mußten.

In diesem Buch werden Mikrocomputerprogramme von „Routineaufgaben" auf dem Gebiet der Elektrotechnik/Elektronik vorgestellt. Es handelt sich dabei um Berechnungen, vor die sich der Techniker häufig gestellt sieht. Insgesamt werden dabei zwei Ziele verfolgt:

Die Programmbeispiele sollen mit der Anwendung von Mikrocomputern vertraut machen und Anregungen und Hinweise zur Erstellung von eigenen Anwendungsprogrammen geben.

Außerdem soll eine Sammlung anwendungsfertiger Programme zur Verfügung gestellt werden, die es auch dem mathematisch weniger Vorgebildeten ermöglicht, komplexere Berechnungen durchzuführen.

Die Programme sind in der bei Mikrocomputern am häufigsten anzutreffenden Programmsprache BASIC erstellt. Sie wurden auf dem inzwischen recht verbreiteten Typ VC-20 der Commodore GmbH entwickelt. Um auch Benutzern anderer Systeme diese Programme zugänglich zu machen, werden die wenigen Besonderheiten der benutzten BASIC-Version in einem gesonderten Kapitel beschrieben.

Ernst Friedrich Reinking

Einführung

von Rainer Bergeest*)

Das Angebot von Personal-Computern verschiedener Hersteller ist in den letzten Jahren immer umfangreicher und fast schon unüberschaubar geworden. Unter dem Druck des Marktes sind wirklich preiswerte Rechner entwickelt worden, die dem Anwender einen erstaunlichen Komfort bieten, den man noch vor wenigen Jahren bei wesentlich teureren Tischrechnern vergeblich gesucht hat. Die Programmiersprache BASIC ist bei diesen Rechnern sehr weit verbreitet.

Das vorliegende Buch bietet eine Sammlung von BASIC-Programmen für die Bereiche Mathematik und Elektrotechnik, die auf dem Personal-Computer VC-20 von Commodore erstellt wurden. Mit den Erläuterungen einiger Besonderheiten des VC-20 BASIC-Dialekts im 1. Teil des Buches werden Benutzer anderer Rechner in die Lage versetzt, die Programme für ihre Systeme abzuwandeln. Die den einzelnen Programmen zugeordneten Flußdiagramme bieten hierbei eine zusätzliche Hilfestellung.

Die Programme zur Lösung mathematischer Aufgaben im 2. Teil dürften für Ingenieure aller Fachrichtungen von Nutzen sein. Hier werden Möglichkeiten zur Lösung häufig vorkommender Probleme angeboten. Teile von diesen Programmen können aber auch als Bausteine zur Lösung hier nicht behandelter verwandter Aufgaben benutzt werden. Hingewiesen sei auf die hier vorgeschlagene Möglichkeit zur Eingabe und Abarbeitung mathematischer Funktionen in den Programmen 2.7 und 2.8. Allerdings gibt es auch BASIC-Dialekte, die mit VAL(X$) die direkte Bearbeitung eines Funktionsausdruckes ermöglichen.

Der 3. Teil des Buches will Technikern und Ingenieuren der Fachrichtungen Elektrotechnik und Elektronik Standard-Problemlösungen bei der täglichen Arbeit in die Hand geben. Die hier vorgestellte Auswahl von Aufgaben wird vielen in diesem Bereich arbeitenden vertraut sein, häufig hat man sich gewünscht, wie nun mit Hilfe dieser Programme möglich auf Knopfdruck ein Ergebnis zu erhalten, anstatt die Berechnung von Hand Schritt für Schritt durchführen zu müssen.

Eine Programmsammlung kann nur eine begrenzte Auswahl von Aufgaben vorstellen, daher wird man nicht zu jedem Problem eine passende vorgefertigte Lösung finden. Durch die Kombination von Programmbeschreibung, Flußdiagramm und Programmliste lassen sich aber Programmteile oder Unterprogramme zur Lösung eigener spezieller Probleme auswählen und zusammenstellen, was den größeren Nutzen einer solchen Sammlung ausmacht.

---

*) Dr. Rainer Bergeest ist Oberregierungsrat und Leiter des Laboratoriums für Elektrische Meßgeräte der Physikalisch-Technischen Bundesanstalt in Braunschweig

Selbstverständlich findet sich in den Programmen eine Fülle von Tips und Anregungen für Benutzer des hier verwendeten Rechners VC-20, um eigene Programme effizienter zu erstellen und so die Möglichkeiten des Systems voll auszunutzen.

Gewiß wird es bei komplexen Aufgabenstellungen hin und wieder nötig sein, aus Gründen des wesentlich größeren Programmspeichers und der höheren Rechengeschwindigkeit einen Großrechner zur Lösung des Problems einzusetzen, andererseits können Elektroniker mit den hier vorgestellten Programmen ihre Routine-Entwurfs- und Dimensionierungsaufgaben wesentlich effektiver durchführen, wenn der Mikrocomputer am Arbeitsplatz ebenso selbstverständlich wird wie Oszilloskop und Digitalvoltmeter.

1 Das VC 20 – BASIC

Sämtliche im Rahmen dieses Buches vorgestellten Programme sind auf der Grundversion (5 Kbyte) des VC-20 lauffähig. Um auch Benutzern anderer BASIC-Computer diese Programme zu erschließen, wird in diesem Kapitel kurz das VC-20-BASIC vorgestellt. Selbstverständlich können hier nicht alle Befehle und Möglichkeiten des VC-20 aufgeführt und erläutert werden, vielmehr beschränken wir uns auf Dinge, die auch in den Programmbeispielen angewandt werden und deren Beschreibung zum Verstehen notwendig ist.

1.1 Der Befehlssatz

Die arithmetischen Operatoren bestehen aus folgenden Zeichen:

+   Addition
–   Subtraktion
/   Division
*   Multiplikation
↑   Potenzzeichen

Als Vergleichsoperatoren werden angewandt:

=   gleich
<   kleiner als
>   größer als
<=   kleiner als oder gleich
>=   größer als oder gleich
<> ungleich

Als logische Operatoren stehen zur Verfügung:

AND
OR
NOT

In den Programmbeispielen werden die folgenden Befehle verwendet und hier kurz erläutert.

ABS (X)	Diese Funktion gibt den absoluten Wert einer Zahl an, also ohne arithmetisches Vorzeichen
ASC (X$)	Diese Funktion stellt den ASCII-Code des ersten Zeichens von X$ zur Verfügung
ATN (X)	Gibt den Arcustangens von X (Ausgabe im Bogenmaß) an
CHR$ (X)	Liefert einen Ein-Byte-String, dessen ASCII-Code gleich X ist (z. B. CHR$ (147) = {Clr/Home})
COS (X)	Gibt den Cosinus des im Bogenmaß eingegebenen Winkels X an

DIM X (Y)	Spezifiziert die Anzahl Y der Elemente eines Variablenfeldes X. Die Anweisung wird erforderlich, wenn ein Feld mehr als 10 Elemente enthält
END	Beendigung des Programmlaufes
EXP (X)	Potenziert die mathematische Konstante „e" mit dem Wert X
FOR ... TO ... (STEP ...)	Dieser Befehl erzeugt in Verbindung mit einem NEXT einen Programmabschnitt, der entsprechend der jeweiligen Definition mehrfach durchlaufen wird z. B.: FOR {Laufvariable} = {Startwert} TO {Endwert} (STEP {Schrittweite}) ... Programmabschnitt, der wiederholt wird ... NEXT {Laufvariable}
GOSUB ... RETURN	Mit dieser Anweisung verzweigt das Programm zu der Zeile, deren Nummer der GOSUB-Anweisung unmittelbar folgt. Nach Erreichen des RETURN-Befehls wird die Programmausführung in der Zeile fortgesetzt, die der Zeile mit der GOSUB-Anweisung folgt
GOTO ...	Die Programmausführung wird mit der Zeile, deren Nummer der GOTO-Anweisung folgt, fortgesetzt
IF ... THEN	Ist die Bedingung, die dem IF folgt, wahr, so wird die Anweisung, die dem THEN folgt, durchgeführt. Ist sie unwahr, fährt die Programmausführung in der nächsten Zeile fort
INPUT X	Das Programm wartet auf eine Eingabe über die Tastatur; der eingegebene Wert wird der Variablen X zugeordnet, nach Eingabe wird die Programmausführung fortgesetzt. Der INPUT-Befehl kann mit einem Anzeigestring verbunden werden z. B.: INPUT"Eingabe";X
INT X	Liefert die größte ganze Zahl, die kleiner oder gleich X ist
LEN (X\$	Liefert die Anzahl der Zeichen in X\$. Es werden alle Zeichen, auch die Leerzeichen gezählt
LET	Weist den Wert eines Ausdrucks einer Variablen zu, das Wort LET ist wahlfrei z. B.: LET A = 10 oder nur A = 10
LOG (X)	Liefert den natürlichen Logarithmus (Basis e) von X
MID\$ (X\$, S, X)	Liefert einen Teilstring von X\$ mit X Zeichen beginnend bei der Stelle S
NEXT	siehe FOR ... TO
ON ...	In Verbindung mit GOTO oder GOSUB verzweigt die Programmausführung zu einer von mehreren spezifizierten Zeilennummern in Abhängigkeit vom Wert des Ausdrucks, der dem ON unmittelbar folgt z. B.: ON X GOTO 100, 200, 300, 400
PEEK (X)	Lietert den Inhalt der Speicherzelle X in dezimaler Form
POKE X, Y	Schreibt eine Dezimalzahl Y (zwischen 0 und 255) in die durch X spezifizierte Speicherzelle
PRINT	Gibt Daten auf dem Bildschirm aus
REM	Fügt erläuternden Kommentar in ein Programm ein; Anweisungen werden nicht ausgeführt, sondern lediglich beim Auflisten des Programms wiedergegeben

RETURN	siehe GOSUB
SIN (X)	Liefert den Sinus des im Bogenmaß eingegebenen Winkels X
SPC (X)	Erzeugt in Verbindung mit einer PRINT-Anweisung X Leerstellen
SQR (X)	Berechnet die Quadratwurzel von X
STR$ (X)	Wandelt eine Zahl X in eine entsprechende Ziffernzeichenkette (String) um
TAB (X)	Erzeugt in Verbindung mit einer PRINT-Anweisung vom linken Zeilenanfang gerechnet X Leerstellen
TAN (X)	Liefert den Tangens des im Bogenmaß eingegebenen Winkels X
VAL (X$)	Liefert den numerischen Wert des String X$ sofern dieser aus numerischen Bestandteilen besteht.

1.2 Das Programmzeilenformat

Eine BASIC-Programmzeile beginnt immer mit einer ganzzahligen Zeilennummer zwischen 0 und 63999. Es dürfen mehrere Anweisungen in eine Zeile geschrieben werden. Jede weitere Anweisung muß jedoch von der vorhergehenden durch einen Doppelpunkt getrennt sein. Die Programmzeile darf höchstens insgesamt 88 Zeichen (entsprechend 4 Bildschirmzeilen) enthalten.

1.3 Variablenarten und -namen

Das VC-20-BASIC erlaubt beliebig lange Variablennamen, jedoch mit der Einschränkung, daß nur die beiden ersten Zeichen signifikant sind. Das letzte Zeichen muß in jedem Fall eine Ziffer oder ein Buchstabe, ein % Zeichen oder ein $ Zeichen sein.

Es werden drei Variablenarten unterschieden:

— *Gleitkommavariable*
  Diese Variable repräsentiert eine Gleitkommazahl zwischen $\pm\, 1{,}70141183 \cdot 10^{38}$ und $\pm\, 2{,}93873588 \cdot 10^{-39}$; der Variablenname enthält an letzter Stelle eine Ziffer oder einen Buchstaben.
— *Integervariable*
  Sie repräsentiert ganze Zahlen. Namen für Integervariable müssen an letzter Stelle ein % Zeichen enthalten.
— *Stringvariable*
  Sie repräsentieren eine Kette beliebiger Zeichen und müssen am Ende des Namens ein $ Zeichen enthalten.

1.4 Bildschirmformat

Die Bildschirmanzeige des VC-20 umfaßt 23 Zeilen zu je 22 Spalten, wobei der Bildinhalt in den Speicherzellen 7680 bis 8185 steht. Die Ausgabeanweisungen in diesem Buch sind diesem Format angepaßt; bei Verwendung eines Mikrocomputers mit einem anderen Ausgabeformat sind hier ggf. Änderungen bei der Trennung von Worten etc. vorzunehmen.

Erwähnenswert ist noch die Farbwahl des Bildschirmhintergrundes. Dies geschieht durch POKE 36879, X; wobei X eine der gewünschten Farbe entsprechende Zahl zwischen 1 und 255 ist.

1.5 Besonderheiten der PRINT-Anweisung

Das VC-20-BASIC bietet die Möglichkeit Steuer- und Cursorfunktionen, die während des Programmlaufes durchgeführt werden sollen, in einer PRINT-Anweisung zwischen Anführungszeichen zu „verstecken".

Die gewünschte Funktion wird jeweils nach Drücken der entsprechenden Taste als spezifisches Graphiksymbol dargestellt. Darüber hinaus kann in der gleichen Weise die Schriftfarbe gewählt werden.

Nachfolgend wird in einer Übersicht (Tab. 1.1) eine Zusammenstellung der angesprochenen Symbole gegeben.

Tab. 1.1 Gegenüberstellung von Graphiksymbolen
und Steuerfunktionen

■	SCHWARZ
	WEISS
	ROT
	CYAN
	PURPUR
	GRUEN
	BLAU
	GELB
	REVERS ON
	REVERS OFF
	CURSOR DOWN
	CURSOR LEFT
	CURSOR UP
	CURSOR RIGHT
	HOME
	CLEAR/HOME
	INSERT
	DELETE
	RUN/STOP

2 Lösung mathematischer Aufgaben

In diesem Kapitel werden Programme oft anzutreffender mathematischer Probleme vorgestellt.

2.1 Quadratische Gleichung

Die algebraische Formel zur Lösung einer quadratischen Gleichung wird in der Praxis häufig benutzt. Das nachfolgende Programm ist für die Lösung jeder quadratischen Gleichung anwendbar. Es ist dabei unerheblich, ob die Lösungen real oder komplex sind.

Die allgemeine Form einer quadratischen Gleichung ist:

$$ax^2 + bx + c = 0 \qquad (a \neq 0)$$

Die Formel zur Lösung lautet:

$$x = \frac{-b \pm \sqrt{b^2 - 4ac}}{2a}$$

somit ergeben sich die Lösungen x_1 und x_2:

$$x_1 = \frac{-b + \sqrt{b^2 - 4ac}}{2a}$$

und

$$x_2 = \frac{-b - \sqrt{b^2 - 4ac}}{2a}$$

Der Schlüssel zur Feststellung, ob eine quadratische Gleichung reale oder komplexe Lösungen hat, ist die *Diskriminante*

$$\sqrt{b^2 - 4ac}$$

Es sind folgende Möglichkeiten denkbar:

$$b^2 - 4ac > 0, \text{ dann existieren 2 reale Lösungen}$$
$$b^2 - 4ac = 0, \text{ dann existieren 2 gleiche, reale Lösungen}$$
$$b^2 - 4ac < 0, \text{ dann existieren 2 komplexe Lösungen}$$

Für den Fall $b^2 - 4ac < 0$ (2 komplexe Lösungen) ergibt sich:

$$x_1 = A + jB$$

und

$$x_2 = A - jB$$

wobei dann:

$$A = -b/2a$$

und

$$B = \frac{\sqrt{4ac - b^2}}{2a}$$

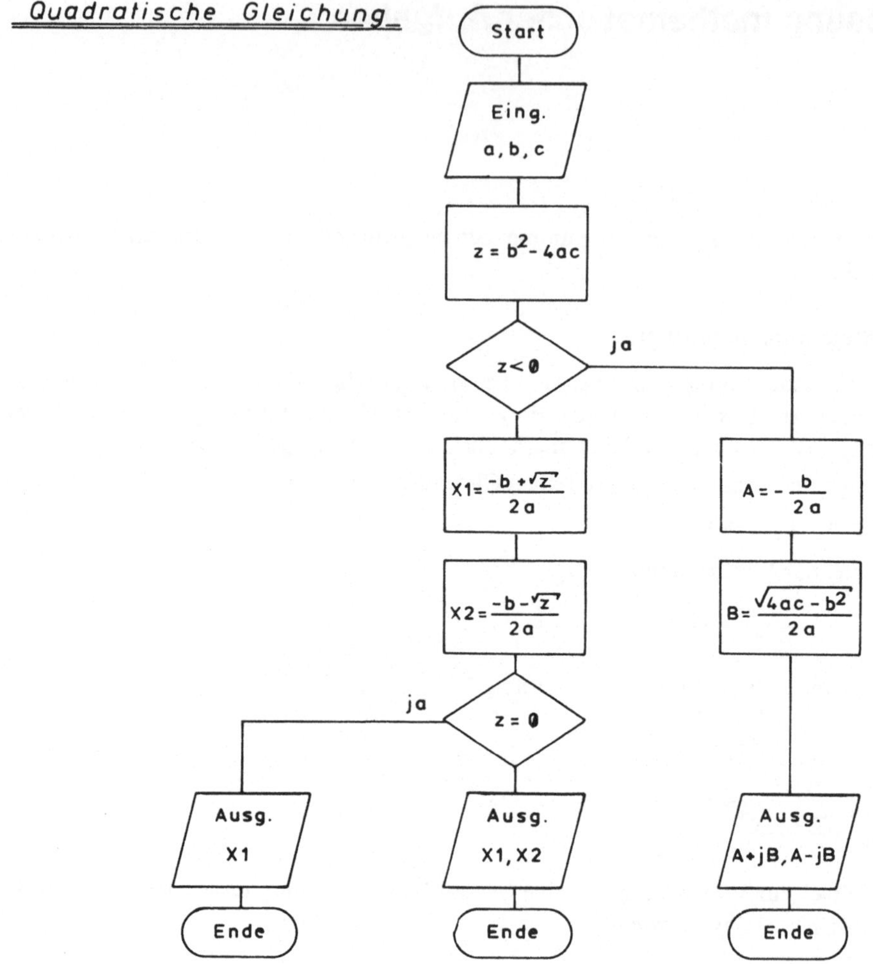

Basierend auf den soeben vorgestellten Grundlagen wird für eine Programmlösung das *Flußdiagramm* „Quadratische Gleichung" entwickelt.

Entsprechend dem Flußdiagramm wurde das *Programm* QUADRATISCHE GLEICHUNG geschrieben.

Mit Hilfe dieses Programms wurden die im weiteren beschriebenen *Beispiele* 2.1.1 bis 2.1.3 durchgerechnet. Bei den Abdrucken handelt es sich jeweils um „Hardcopys", um exakte Ausdrucke des sonst nur auf dem Bildschirm ausgegebenen Textes.

QUADRATISCHE GLEICHUNG

```
1 REM QUADRATISCHE GLEICHUNG
5 POKE36879,127
10 PRINT"⊃BRINGEN SIE DIE ZU    LOESENDE GLEICHUNG    AUF DIE FORM:"
15 PRINT"    2"
20 PRINT"AX +BX+C=0"
25 INPUT" A=";A
30 INPUT"B=";B
35 INPUT"C=";C
40 Z=B↑2-4*A*C
45 IFZ<0THEN200
50 X1=(-B+SQR(Z))/(2*A)
55 X2=(-B-SQR(Z))/(2*A)
60 IFZ=0THEN100
65 PRINT" ES EXISTIEREN 2 REELLELOESUNGEN:"
70 PRINT" X1=";X1
75 PRINT"X2=";X2
80 END
100 PRINT" ES EXISTIERT NUR EINE (REELLE) LOESUNG:"
105 PRINT" X=";X1
110 END
200 R=-B/(2*A)
205 I=SQR(4*A*C-B↑2)/(2*A)
210 C=1
215 PRINT" ES EXISTIEREN 2 KOM-  PLEXE LOESUNGEN:"
220 PRINT" X1=";R;"+J";I
225 PRINT"X2=";R;"-J";I
230 END

READY.
```

Beispiel 2.1.1:	*Beispiel 2.1.2:*	*Beispiel 2.1.3:*

```
BRINGEN SIE DIE ZU         BRINGEN SIE DIE ZU         BRINGEN SIE DIE ZU
LOESENDE GLEICHUNG         LOESENDE GLEICHUNG         LOESENDE GLEICHUNG
AUF DIE FORM:              AUF DIE FORM:              AUF DIE FORM:

   2                          2                          2
AX +BX+C=0                 AX +BX+C=0                 AX +BX+C=0

A=? 4                      A=? 1                      A=? 3
B=? 4                      B=? -2.5                   B=? 4
C=? 1                      C=? 1                      C=? 5

ES EXISTIERT NUR EINE      ES EXISTIEREN 2 REELLE     ES EXISTIEREN 2 KOM-
(REELLE) LOESUNG:          LOESUNGEN:                 PLEXE LOESUNGEN:

X=-.5                      X1= 2                      X1=-.666666667 +J 1.10
                          X2= .5                      55416
                                                     X2=-.666666667 -J 1.10
                                                      55416
```

2.2 Umrechnung Polar- in kartesische Koordinaten

Besonders bei Berechnungen, in denen komplexe Größen verwendet werden, müssen häufig Werte aus Polarkoordinatendarstellung in das kartesische Koordinatensystem umgerechnet werden und umgekehrt.

Das an dieser Stelle beschriebene Programm dient dazu, diese beiden Umformungen (im zweidimensionalen Raum) durchzuführen.

Es liegen dem Rechengang folgende Formeln zugrunde:

$$R = \sqrt{x^2 + y^2} \qquad \text{für die Umwandlung Polark. in kart. K.}$$

$$\phi = \arctan \frac{y}{x}$$

$$x = R \cdot \cos \phi \qquad \text{für die Umwandlung kart. K. in Polark.}$$

$$y = R \cdot \sin \phi$$

$$\{Grad\} = \frac{\{Bogenmaß\}}{\pi} \cdot 180 \quad \text{für die Umwandlung des Winkels.}$$

Wie bereits in Abschn. 2.1 wurde zunächst auf der Grundlage der mathematischen Formeln ein *Flußdiagramm* entwickelt, das selbst dann wieder zur Grundlage des eigentlichen *Programms* wurde.

```
UMWANDLUNG POLAR-/ KART.  KOORDINATEN

1 REM UMWANDLUNG POLAR- /KART. KOORDINATEN
5 PRINT":       ⬛UMWANDLUNG⬛◼"
10 PRINT"POLAR IN KART.K.    [1]
15 PRINT"KART. IN POLARK.    [2]
20 INPUT"RECHENWEG:";RW%
25 PRINT"⬛⬛BOGENMASS            [1]"
30 PRINT"GRAD                [2]"
35 INPUT"WINKEL:";W%
40 PRINT":DATENEINGABE:"
45 IFRW%=2THEN200
50 INPUT"⬛R=    ";R
55 INPUT"PHI=";P
60 IFW%=1THEN70
65 P=(P*π)/180
70 X=R*COS(P)
75 Y=R*SIN(P)
80 PRINT"⬛⬛ERGEBNIS:◼"
85 PRINT"X=";X
90 PRINT"Y=";Y
95 PRINT"⬛⬛WEITERE UMRECHNUNG IM GEWAEHLTEN MODE ?"
100 INPUT"[J/N]";W$
105 IFW$="J"THEN40
110 END
200 INPUT"X=";X:IFX=0THENX=1E-30
205 INPUT"Y=";Y
210 R=SQR(X↑2+Y↑2)
215 P=ATN(Y/X)
220 IFW%=1THEN230
225 P=(P*180)/π
230 PRINT"⬛⬛ERGEBNIS:◼"
235 PRINT"R=    ";R
240 PRINT"PHI=";P
245 GOTO95

READY.
```

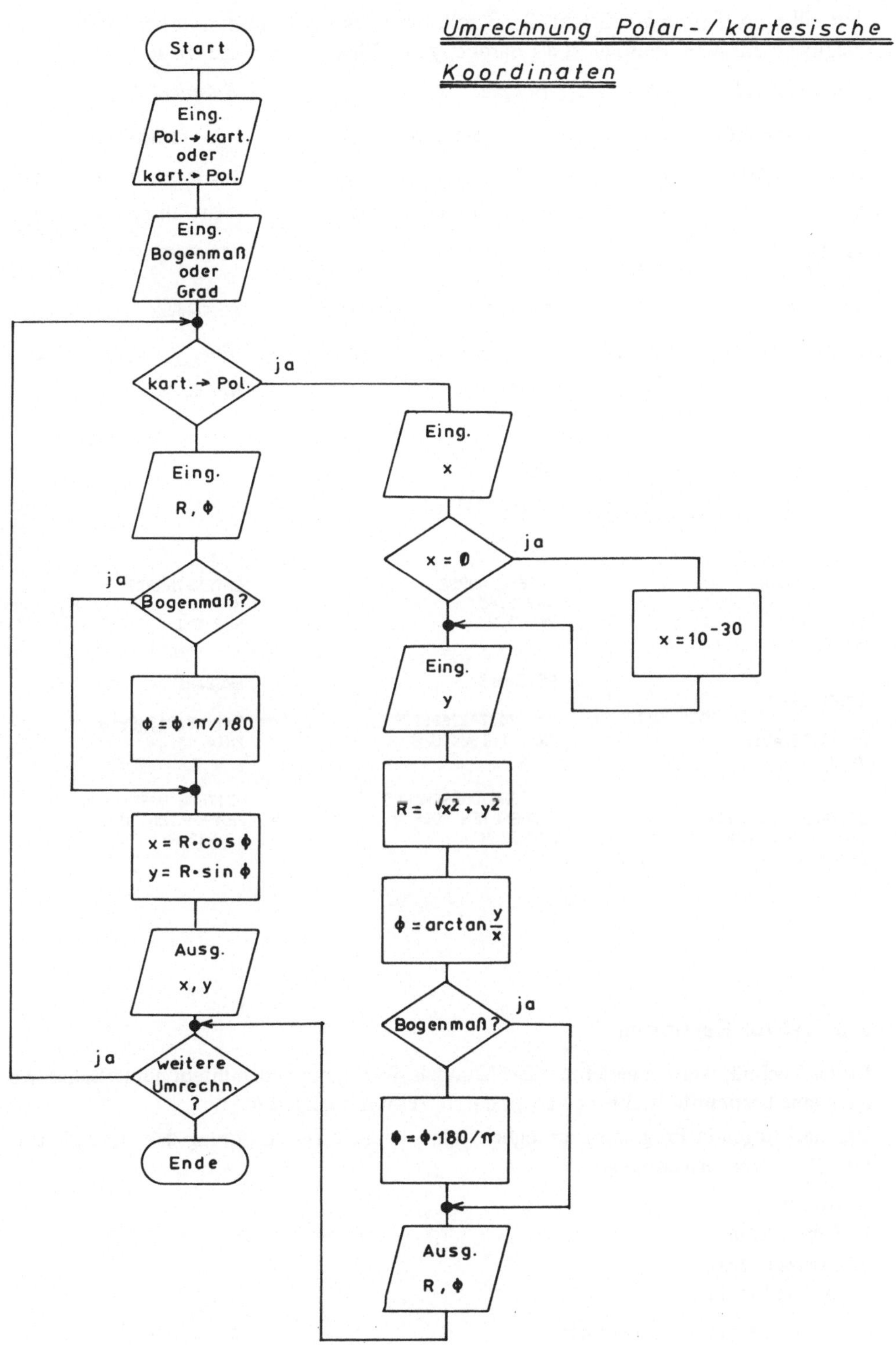
Umrechnung Polar - / kartesische
Koordinaten
Start
Eing.
Pol. → kart.
oder
kart. → Pol.
Eing.
Bogenmaß
oder
Grad
kart. → Pol.
ja
Eing.
R, φ
Eing.
x
Bogenmaß?
ja
x = 0
ja
φ = φ · π/180
x = 10⁻³⁰
Eing.
y
x = R·cos φ
y = R·sin φ
R = √(x² + y²)
Ausg.
x, y
φ = arctan y/x
Bogenmaß?
ja
weitere
Umrechn.
?
ja
φ = φ · 180/π
Ende
Ausg.
R, φ

Mit Hilfe der *Beispiele* 2.2.1 bis 2.2.3 soll nun noch die Funktion des Programms aufgezeigt werden. Jedes Beispiel ist als Hardcopy der Bildschirmanzeige wiedergegeben.

Beispiel 2.2.1:	*Beispiel 2.2.2:*	*Beispiel 2.2.3:*

```
POLAR IN KART.K.   [1]        POLAR IN KART.K.   [1]        POLAR IN KART.K.   [1]

KART. IN POLARK.   [2]        KART. IN POLARK.   [2]        KART. IN POLARK.   [2]

RECHENWEG:? 1                 RECHENWEG:? 2                 RECHENWEG:? 2


BOGENMASS          [1]        BOGENMASS          [1]        BOGENMASS          [1]

GRAD               [2]        GRAD               [2]        GRAD               [2]

WINKEL:? 2                    WINKEL:? 1                    WINKEL:? 2




DATENEINGABE:                DATENEINGABE:                DATENEINGABE:
                             X=? 2.45                     X=? 5.1
R=   ? 17                    Y=? 5.2                      Y=? 5.1
PHI=? 30

                             ERGEBNIS:                    ERGEBNIS:
ERGEBNIS:
                             R=   5.74826061              R=   7.21248918
X= 14.7224319                PHI= 1.13049078              PHI= 45
Y= 8.5


WEITERE UMRECHNUNG IM        WEITERE UMRECHNUNG IM        WEITERE UMRECHNUNG IM
GEWAEHLTEN MODE ?            GEWAEHLTEN MODE ?            GEWAEHLTEN MODE ?
[J/N]? N                     [J/N]? N                     [J/N]? N
```

2.3 Vektor-Rechnung

In der Technik werden gerichtete Größen, d. h. Werte, die neben ihrem numerischen Wert auch eine bestimmte Richtung haben, durch Vektoren ausgedrückt.

Das nachfolgende Programm ermöglicht eine schnelle Durchführung der „Grundrechenarten" der Vektorrechnung.

- Addition
- Subtraktion
- Kreuzprodukt
- Skalarprodukt

von dreidimensionalen Vektoren.

Folgende Gleichungen werden zugrundegelegt:

Vektoraddition $\vec{C} = \vec{A} + \vec{B}$

$$X_C = X_A + X_B$$
$$Y_C = Y_A + Y_B$$
$$Z_C = Z_A + Z_B$$

Vektorsubtraktion $\vec{C} = \vec{A} - \vec{B}$

$$X_C = X_A - X_B$$
$$Y_C = Y_A - Y_B$$
$$Z_C = Z_A - Z_B$$

Kreuzprodukt $\vec{C} = \vec{A} \times \vec{B}$

$$X_C = Y_A Z_B - Z_A Y_B$$
$$Y_C = Z_A X_B - X_A Z_B$$
$$Z_C = X_A Y_B - Y_A X_B$$

Skalarprodukt $\vec{C} = \vec{A} \cdot \vec{B}$

$$C = X_A X_B + Y_A Y_B + Z_A Z_B$$

Flußdiagramm und *Programm* VEKTOR-RECHNUNG sind im folgenden angegeben.

Beispiele 2.3.1 bis 2.3.4 schließen sich an.

VEKTOR–RECHNUNG

```
5 PRINT"▮   ▮VEKTOR-RECHNUNG▮"
10 PRINT"▮ADDITION              [1]"
15 PRINT"SUBTRAKTION            [2]"
20 PRINT"KREUZPRODUKT           [3]"
25 PRINT"SKALARPRODUKT          [4]"
30 PRINT"▒▒▒▒▒▒▒▒▒▒▒▒▒▒▒▒▒▒▒▒▒▒▒▒"
35 INPUT"BERECHNUNGSART:";BA%
40 PRINT"▮▮VEKTOR 1:▮"
45 INPUT"X=";X1
50 INPUT"Y=";Y1
55 INPUT"Z=";Z1
60 PRINT"▮▮▮VEKTOR 2:▮"
65 INPUT"X=";X2
70 INPUT"Y=";Y2
75 INPUT"Z=";Z2
77 IFBA%=4THEN500
80 PRINT"▮▮▮▮ERGEBNIS-VEKTOR:▮"
85 ONBA%GOSUB200,300,400
90 PRINT"X=";X
95 PRINT"Y=";Y
100 PRINT"Z=";Z
105 END
200 PRINT"[ADDITION]"
205 X=X1+X2:Y=Y1+Y2:Z=Z1+Z2
210 RETURN
300 PRINT"[SUBTRAKTION]"
305 X=X1-X2:Y=Y1-Y2:Z=Z1-Z2
310 RETURN
400 PRINT"[KREUZPRODUKT]"
405 X=(Y1*Z2)-(Z1*Y2)
410 Y=(Z1*X2)-(X1*Z2)
420 Z=(X1*Y2)-(Y1*X2)
425 RETURN
500 PRINT"▮▮▮▮SKALARPRODUKT:▮"
505 SK=X1*X2+Y1*Y2+Z1*Z2
510 PRINT"______   ______"
520 PRINT"VEKTOR1 * VEKTOR2 = ",SK
530 END
```

Vektor - Rechnung

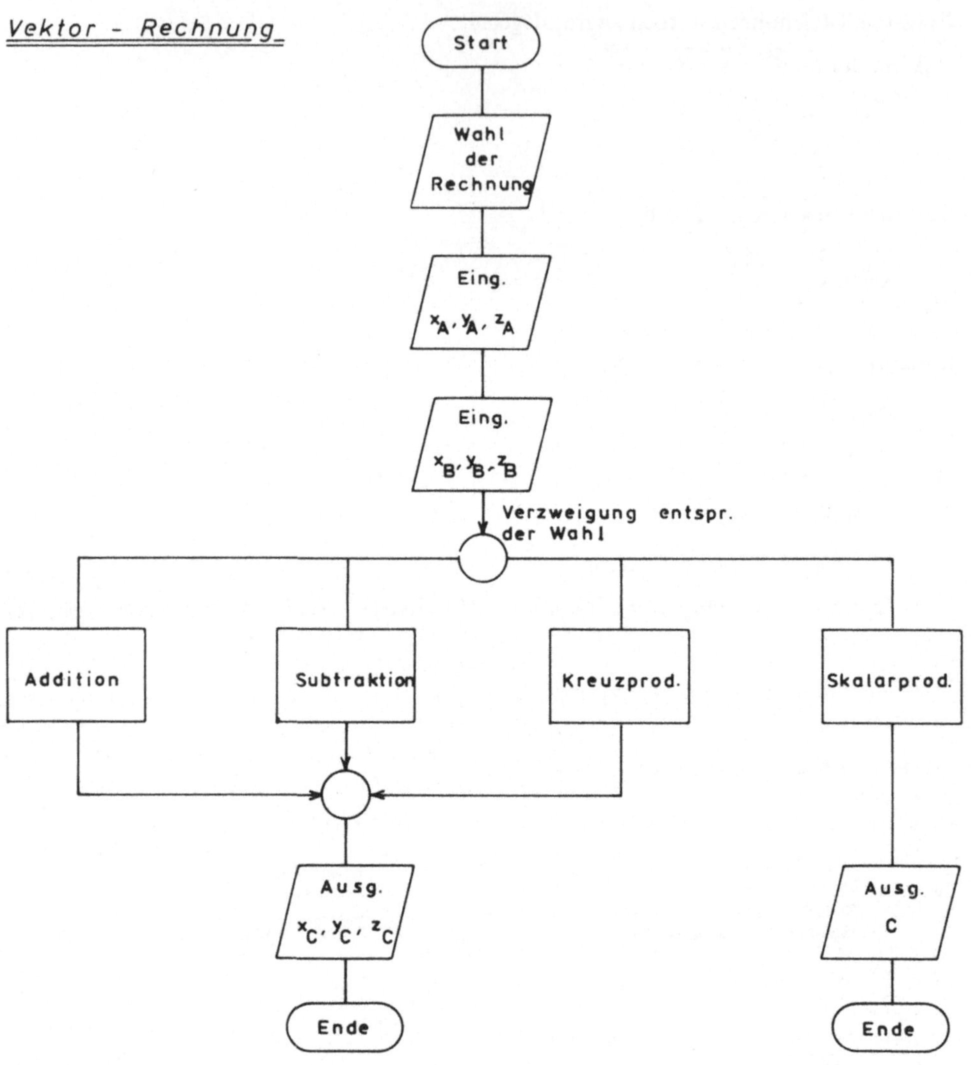

Beispiel 2.3.1:

```
         VEKTOR-RECHNUNG               VEKTOR A
                                       X=? 3
ADDITION              [1]              Y=? 6
                                       Z=? 9
SUBTRAKTION           [2]

KREUZPRODUKT          [3]              VEKTOR B
                                       X=? 2.5
SKALARPRODUKT         [4]              Y=? 22
                                       Z=? 4


BERECHNUNGSART:? 1
                                       ERGEBNIS-VEKTOR
                                       [ADDITION]
                                       X= 5.5
                                       Y= 28
                                       Z= 13
```

Beispiel 2.3.2:	*Beispiel 2.3.3:*	*Beispiel 2.3.4:*

```
ADDITION          [1]        ADDITION          [1]        ADDITION          [1]

SUBTRAKTION       [2]        SUBTRAKTION       [2]        SUBTRAKTION       [2]

KREUZPRODUKT      [3]        KREUZPRODUKT      [3]        KREUZPRODUKT      [3]

SKALARPRODUKT     [4]        SKALARPRODUKT     [4]        SKALARPRODUKT     [4]


BERECHNUNGSART:? 2           BERECHNUNGSART:? 3           BERECHNUNGSART:? 4


X=? 1                        X=? 5                        X=? 6
Y=? 8                        Y=? 9                        Y=? 8
Z=? 6.6                      Z=? 0                        Z=? 5.8


X=? 4                        X=? 2.4                      X=? 3
Y=? 5.7                      Y=? 3                        Y=? 22
Z=? 4                        Z=? 7.5                      Z=? 17


[SUBTRAKTION]                [KREUZPRODUKT]
X=-3                         X= 67.5                      VEKTOR1 * VEKTOR2 =
Y= 2.3                       Y=-37.5                        292.6
Z= 2.6                       Z=-6.6
```

2.4 Zahlenkonvertierung

Besonders im Bereich der Digitaltechnik ist es häufig erforderlich, eine Zahl zu einer bestimmten Zahlenbasis in eine Zahl zu einer anderen Basis umzuwandeln (z. B. Dezimalzahl in Dualzahl).

Das im folgenden beschriebene Programm ermöglicht solche Umwandlungen ganzer Zahlen mit Basen zwischen 2 und 16. Der Zahlenwert darf dabei hexadezimal FFFFF, entsprechend dual 20 Stellen, nicht überschreiten.

Grundsätzlich wird zunächst die umzuwandelnde Zahl in eine Dezimalzahl umgewandelt, anschließend wird diese Dezimalzahl in eine Zahl zu der gewünschten Basis umgerechnet. Beide im Programm verwendeten Umwandlungen werden mittels fortgesetzter Division durch Potenzen der Basiszahl durchgeführt.

Besonders hervorzuheben ist die Anzeige des Ergebnisses. Mittels POKE-Befehl wird die einzelne Stelle direkt in den Bildschirmspeicher geschrieben, nachdem sie vorher in den Commodore-spezifischen Code umgewandelt wurde. Es ist statt dessen auch eine (mehr Speicherplatz erfordernde) Lösung denkbar, bei der die einzelne Ergebnisstelle mittels String-Addition zum Gesamtergebnis verknüpft wird.

Die exakte Rechenfolge kann dem sehr detaillierten *Flußdiagramm* entnommen werden.

Entsprechend dem Flußdiagramm wurde das *Programm* ZAHLENKONVERTIERUNG entwickelt.

Zahlenkonvertierung

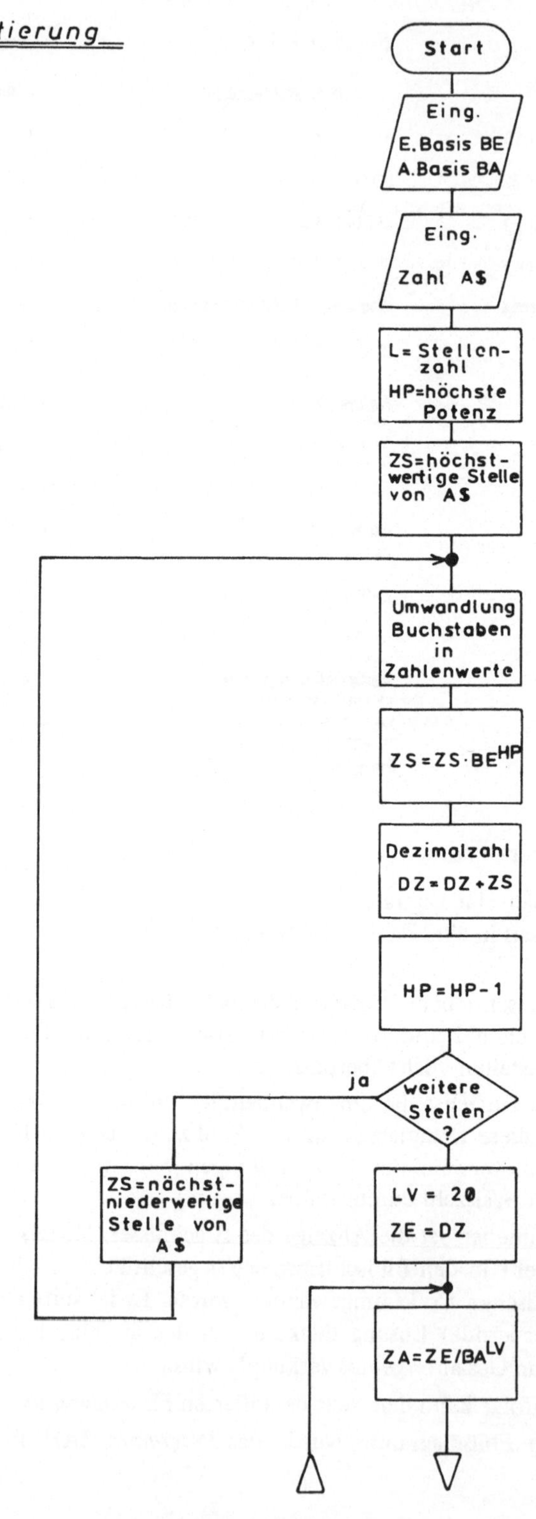

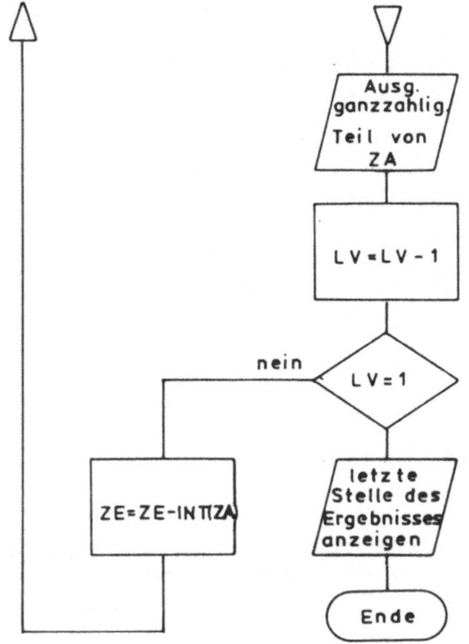


```
ZAHLENKONVERTIERUNG

10 PRINT"J":DIMA$(20)
20 INPUT"EING.BASIS:";BE
30 INPUT"AUSG.BASIS:";BA
40 INPUT"ZAHL:";A$
50 L=LEN(A$):DZ=0:HP=L-1
60 FORN=1TOL
70 ZS$=MID$(A$,N,1)
80 IFZS$="A"THENZS$="10"
90 IFZS$="B"THENZS$="11"
100 IFZS$="C"THENZS$="12"
110 IFZS$="D"THENZS$="13"
120 IFZS$="E"THENZS$="14"
130 IFZS$="F"THENZS$="15"
140 ZS=VAL(ZS$)*BE↑HP
150 DZ=DZ+ZS:HP=HP-1
160 NEXTN
170 PRINT"  ERGEBNIS:              "
180 FORF=38622TO38906:POKEF,1:NEXTF
190 ZE=DZ:AZ=7902
200 FORLV=20TO1STEP-1
210 ZA=ZE/BA↑LV
220 IFZA<1ANDZE=DZTHEN270
230 IFINT(ZA)<10THENU=48
240 IFINT(ZA)>=10THENU=-9
250 E=INT(ZA)+U:POKEAZ,E
260 ZE=ZE-INT(ZA)*BA↑LV:AZ=AZ+1
270 NEXTLV
275 ZE=ZE+5E-3
280 IFZE<10THENU=48
290 IFZE>=10THENU=-9
300 POKEAZ,ZE+U
310 FORF=38622TOAZ+30720
320 POKEF,6:NEXTF
330 END
```

An den *Beispielen* 2.4.1 bis 2.4.3 soll wieder die Funktion des Programms dargestellt werden. Die Beispiele dienen natürlich auch zur Überprüfung des evtl. selbst eingegebenen Programms.

Beispiel 2.4.1:	*Beispiel 2.4.2:*	*Beispiel 2.4.3:*

```
EING.BASIS:? 2          EING.BASIS:? 8          EING.BASIS:? 16
AUSG.BASIS:? 10         AUSG.BASIS:? 16         AUSG.BASIS:? 10
ZAHL:? 1010            ZAHL:? 17               ZAHL:? FFE


ERGEBNIS:              ERGEBNIS:               ERGEBNIS:



10                      F                       4094
```

2.5 Komplexe Arithmetik

Auf dem weiten Feld der im Bereich der Elektronik angewandten Mathematik nimmt das Rechnen mit komplexen Zahlen eine dominierende Rolle ein.

Zunächst soll ein Programm vorgestellt werden, mit dessen Hilfe die folgenden arithmetischen Berechnungen durchgeführt werden können (X und Y sind jeweils als komplexe Zahlen der Form a + jb bzw. c + jd anzusehen).

$$
\begin{array}{ll}
X + Y & 1/X \\
X - Y & Y^X \\
X \cdot Y & \log_{(Y)} X \\
X/Y & {}^X\!\sqrt{Y} \\
e^X & X^2 \\
\ln X & {}^2\!\sqrt{X}
\end{array}
$$

Es liegen dem Programm folgende mathematische Formeln zugrunde:

$$X + Y = (a + c) + j(b + d)$$
$$X - Y = (a - c) + j(b - d)$$
$$X \cdot Y = (ac - bd) + j(ad + bc)$$
$$X/Y = \frac{ac + bd}{c^2 + d^2} + j\,\frac{bc - ad}{c^2 + d^2}$$
$$e^X = e^a \cos b + j\,e^a \sin b$$
$$\ln X = \ln \sqrt{a^2 + b^2} + j \arcsin \frac{b}{\sqrt{a^2 + b^2}}$$
$$1/X = \frac{1}{a + jb}$$
$$Y^X = e^{X \cdot \ln Y}$$
$$\log_{(Y)} X = \frac{\ln X}{\ln Y}$$
$${}^X\!\sqrt{Y} = \frac{\ln Y}{e^X}$$
$$X^2 = |X|^2 \cdot \cos(2b) + j\,|X|^2 \cdot \sin(2b)$$
$$\sqrt{X} = \sqrt{|X|} \cdot \cos(b/2) + j\,\sqrt{|X|} \cdot \sin(b/2)$$

Im *Flußdiagramm* des *Programms* KOMPLEXE ARITHMETIK wird auf die Darstellung der Verzweigung zu den zwölf Unterprogrammen verzichtet; statt dessen wird lediglich einer der Zweige dargestellt.

KOMPLEXE ARITHMETIK

```
1 PRINT"🢒 KOMPLEXE ARITHMETIK  ▮"
2 PRINT"X+Y        ▮1▮","X-Y        ▮2▮"
3 PRINT"▮X*Y       ▮3▮","X/Y        ▮4▮"
4 PRINT"▮E↑X       ▮5▮","LN X       ▮6▮"
5 PRINT"▮1/X       ▮7▮","Y↑X        ▮8▮"
6 PRINT"▮LOG(Y) X ▮9▮","Y↑(1/X) ▮10▮"
7 PRINT"▮X↑2      ▮11▮","X↑(1/2) ▮12▮"
8 PRINT"▮▮X UND Y SIND KOMPLEXE","ZAHLEN▮"
10 INPUT"▮▮BERECHNUNG:";B%
11 PRINT"▮EINGABE:▮"
15 ONB%GOSUB100,200,300,400,500,600,700,800,900,1000,1100,1200
20 PRINT"▮REAL :";ER
25 PRINT"IMAG :";EI
30 END
100 V%=2:GOSUB1300
105 PRINT"▮▮X+Y=▮"
110 ER=XR+YR:EI=XI+YI
120 RETURN
200 V%=2:GOSUB1300
205 PRINT"▮▮X-Y=▮"
210 ER=XR-YR:EI=XI-YI
220 RETURN
300 V%=2:GOSUB1300
305 PRINT"▮▮X*Y=▮"
310 ER=XR*YR-XI*YI
315 EI=XR*YI+XI*YR
320 RETURN
400 V%=2:GOSUB1300
405 PRINT"▮▮X/Y=▮"
410 YI=-YI:GOSUB310
415 Z=1/(YR↑2+YI↑2)
420 ER=ER*Z:EI=EI*Z
425 RETURN
500 V%=1:GOSUB1300
505 PRINT"▮▮E↑X=▮"
510 ER=EXP(XR)*COS(XI)
515 EI=EXP(XR)*SIN(XI)
520 RETURN
600 V%=1:GOSUB1300
602 PRINT"▮▮LN X=▮"
605 ER=LOG(SQR(XR↑2+XI↑2))
610 Z=XI/SQR(XR↑2+XI↑2)
615 EI=ATN(Z/SQR(-Z*Z+1))
620 RETURN
700 V%=1:GOSUB1300
705 PRINT"▮▮1/X=▮"
710 YR=XR:YI=XI:XR=1:XI=0
715 GOSUB410
720 RETURN
800 V%=2:GOSUB1300
802 PRINT"▮▮Y↑X=▮"
804 ZR=XR:ZI=XI:XR=YR:XI=YI
805 GOSUB605
810 YR=ER:YI=EI:XR=ZR:XI=ZI
815 GOSUB310
820 XR=ER:XI=EI:GOSUB510
825 RETURN
900 V%=2:GOSUB1300
905 PRINT"▮▮LOG(Y) X=▮"
910 ZR=XR:ZI=XI:XR=YR:XI=YI
915 GOSUB605
920 XR=ZR:XI=ZI:YR=ER:YI=EI
925 GOSUB605
930 XR=ER:XI=EI:GOSUB410
935 RETURN

1000 V%=2:GOSUB1300
1005 PRINT"▮▮Y↑(1/X)=▮"
1010 ZR=XR:ZI=XI:XR=YR:XI=YI
1015 GOSUB605
1020 XR=ER:XI=EI:YR=ZR:YI=ZI
1025 GOSUB410
1030 XR=ER:XI=EI:GOSUB510
1035 RETURN
1100 V%=1:GOSUB1300
1105 PRINT"▮▮X↑2=▮"
1110 GOSUB605
1115 ZR=(EXP(ER))↑2
1120 ER=ZR*COS(2*EI):EI=ZR*SIN(2*EI)
1125 RETURN
1200 V%=1:GOSUB1300
1205 PRINT"▮▮X↑(1/2)=▮"
1210 GOSUB605
1215 ZW=EXP(ER):ZR=SQR(ZW)
1220 ER=ZR*COS(EI/2)
1222 EI=ZR*SIN(EI/2)
1225 RETURN
1300 INPUT"REAL(X)";XR
1305 INPUT"IMAG(X)";XI
1310 IFV%=1THENRETURN
1315 INPUT"▮REAL(Y)";YR
1320 INPUT"IMAG(Y)";YI
1325 RETURN
```

Wie in den vorhergehenden Kapiteln wird nun für jeden Rechenweg ein Beispiel vorgestellt, beginnend mit *Beispiel* 2.5.1.

Beispiel 2.5.1:

```
████████████████████████       EINGABE:

X+Y      1 X-Y      2          REAL(X)? 3.45
                               IMAG(X)? -1.3
X*Y      3 X/Y      4
                               REAL(Y)? -22
E↑X      5 LN X     6          IMAG(Y)? 9.71

1/X      7 Y↑X      8          ████

LOG(Y) X 9 Y↑(1/X) 10          REAL :-18.55
                               IMAG : 8.41
X↑2     11 X↑(1/2) 12

X UND Y SIND KOMPLEXE
ZAHLEN


BERECHNUNG:? 1
```

Aus Platzgründen wird bei den weiteren *Beispielen* 2.5.2 bis 2.5.12 auf die Darstellung des
Menüs verzichtet.

Beispiel 2.5.2: X − Y

```
EINGABE:

REAL(X)? 2.75
IMAG(X)? 1.25

REAL(Y)? -4.2
IMAG(Y)? -7.3

████

REAL : 6.95
IMAG : 8.55
```

Beispiel 2.5.3: X · Y

```
EINGABE:

REAL(X)? 1.1
IMAG(X)? -3.44

REAL(Y)? 2.3
IMAG(Y)? 8.29

████

REAL : 31.0476
IMAG : 1.207
```

Beispiel 2.5.4: X/Y

```
EINGABE:

REAL(X)? 8.9
IMAG(X)? 13.12

REAL(Y)? -7
IMAG(Y)? 8.17

████

REAL : .387825715
IMAG :-1.4216377
```

Beispiel 2.5.5: e^X

```
EINGABE:

REAL(X)? 3.2
IMAG(X)? -7.1

████

REAL : 16.7936618
IMAG :-17.883455
```

Beispiel 2.5.6: ln X

```
EINGABE:

REAL(X)? 4.17
IMAG(X)? 1.75

████

REAL : 1.50902567
IMAG : .397342568
```

Beispiel 2.5.7: 1/X

```
EINGABE:

REAL(X)? 17.12
IMAG(X)? -10.06

████

REAL : .0434189369
IMAG : .0255136977
```

Beispiel 2.5.8: Y^X

```
EINGABE:

REAL(X)? 3.2
IMAG(X)? -1.3

REAL(Y)? 8.9
IMAG(Y)? 3.3

REAL :-461.487135
IMAG :-2077.63517
```

Beispiel 2.5.9: $\log_{(Y)} X$

```
EINGABE:

REAL(X)? 7.3
IMAG(X)? -2.1

REAL(Y)? 4
IMAG(Y)? 5

REAL : .826684537
IMAG :-.549801154
```

Beispiel 2.5.10: $^X\sqrt{Y}$

```
EINGABE:

REAL(X)? -8.9
IMAG(X)? 7.1

REAL(Y)? 88
IMAG(Y)? -79

REAL : .676801382
IMAG :-.145125727
```

Beispiel 2.5.11: X^2

```
EINGABE:

REAL(X)? 3.2
IMAG(X)? -1

REAL : 9.24000004
IMAG :-6.40000002
```

Beispiel 2.5.12: $\sqrt{X}$

```
EINGABE:

REAL(X)? -19
IMAG(X)? -89

REAL : 7.41638372
IMAG :-6.00022893
```

2.6 Komplexe Trigonometrie

Nachdem im Abschn. 2.5 ein Programm zur Lösung arithmetischer Berechnungen im Bereich der komplexen Zahlen vorgestellt wurde, soll hier nun ein Programm zur Berechnung trigonometrischer Funktionen entwickelt werden.

Das Programm soll die Funktionen

    sin X
    cos X
    tan X
    arcsin X
    arccos X
    arctan X

berechnen, wobei X immer als komplexe Zahl der Form a + jb anzusehen ist.

Als Grundlage werden folgende mathematische Formeln herangezogen:

$$\sin X = \frac{e^{jX} - e^{-jX}}{2j}$$

$$\cos X = \frac{e^{jX} + e^{-jX}}{2}$$

$$\tan X = \frac{\sin X}{\cos X}$$

$$\arcsin X = \arcsin B + j \ln (A \pm \sqrt{A^2 - 1}) \,*)$$

$$\arccos X = \pm \arccos B + j \ln (A + \sqrt{A^2 - 1}) \,*)$$

$$\arctan X = \frac{1}{2} \arctan \frac{2a}{1 - a^2 - b^2} + j \frac{1}{4} \ln \frac{a^2 + (b + 1)^2}{a^2 + (b - 1)^2}$$

*) wobei

$$A = \frac{1}{2} \sqrt{(a + 1)^2 + b^2} - \frac{1}{2} \sqrt{(a - 1)^2 + b^2}$$

$$B = \frac{1}{2} \sqrt{(a + 1)^2 + b^2} - \frac{1}{2} \sqrt{(a - 1)^2 + b^2}$$

Auch bei dem für dieses *Programm* KOMPLEXE TRIGONOMETRIE entwickelten *Fluß-diagramm* wurde auf die Darstellung der Verzweigung zu allen Unterprogrammen verzichtet.

Es folgen die *Beispiele* 2.6.1 bis 2.6.6, wobei wieder nur beim erstenmal das Menü gezeigt ist.

<u>*Komplexe Trigonometrie*</u>

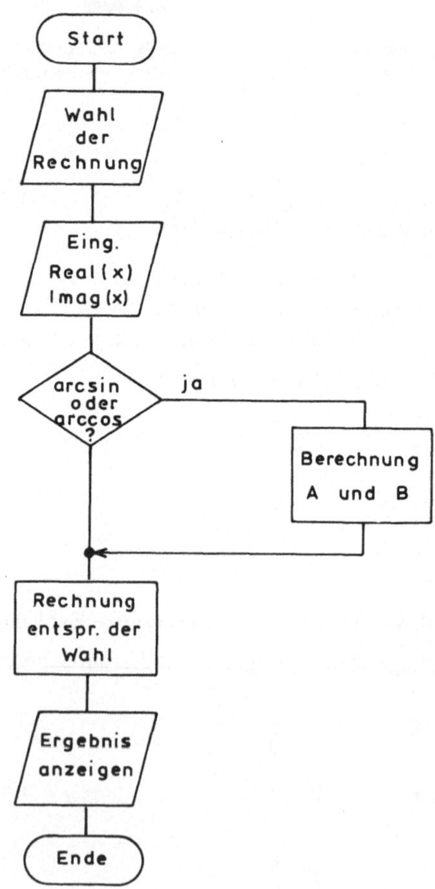

```
KOMPLEXE  TRIGONOMETRIE
```

```
1 PRINT"⌑■KOMPLEXE TRIGONOMETRIE■"
2 PRINT"SIN X  ■1■","ARCSIN X  ■4■"
3 PRINT"COS X  ■2■","ARCCOS X  ■5■"
4 PRINT"TAN X  ■3■","ARCTAN X  ■6■"
5 PRINT"■■■X IST EINE KOMPLEXE","■ZAHL■"
10 INPUT"■■■■BERECHNUNG:";B%
15 ONB%GOSUB100,200,300,400,500,600
20 PRINT"■REAL :";ER
25 PRINT"IMAG :";EI
30 END
100 GOSUB700
105 PRINT"■■SIN X =■"
110 ER=((EXP(XI)+1/EXP(XI))/2)*SIN(XR)
120 EI=((EXP(XI)-1/EXP(XI))/2)*COS(XR)
125 RETURN
200 GOSUB700
205 PRINT"■■COS X =■"
210 ER=((EXP(XI)+1/EXP(XI))/2)*COS(XR)
220 EI=((EXP(XI)-1/EXP(XI))/2)*SIN(XR)*-1
225 RETURN
300 GOSUB700
305 PRINT"■■TAN X =■"
310 GOSUB210
315 YR=ER:YI=EI
320 GOSUB110
325 XR=ER:XI=EI
330 ER=(XR*YR+XI*YI)/(YR↑2+YI↑2)
335 EI=(XI*YR-XR*YI)/(YR↑2+YI↑2)
340 RETURN
400 GOSUB700
405 GOSUB800
410 PRINT"■■ARCSIN X =■"
415 ER=ATN(B/SQR(-B*B+1))
420 EI=LOG(A+SQR(A↑2-1))
425 RETURN
500 GOSUB700
505 GOSUB800
510 PRINT"■■ARCCOS X =■"
515 ER=-ATN(B/SQR(-B*B+1))+π/2
520 EI=-1*LOG(A+SQR(A↑2-1))
525 RETURN
600 GOSUB700
605 PRINT"■■ARCTAN X =■"
610 ZR=2*XR/(1-XR↑2-XI↑2)
615 ZI=LOG((XR↑2+(XI+1)↑2)/(XR↑2+(XI-1)↑2))
620 ER=ATN(ZR)/2+π/2
625 EI=ZI/4
630 RETURN
700 PRINT"■EINGABE:■"
705 INPUT"REAL(X)";XR
710 INPUT"IMAG(X)";XI
715 RETURN
800 ZA=(SQR((XR+1)↑2+XI↑2))/2
805 ZB=(SQR((XR-1)↑2+XI↑2))/2
810 A=ZA+ZB:B=ZA-ZB
815 RETURN
```

Beispiel 2.6.1:

```
■■■■■■■■■■■■■■■■■■■■■■■■■■

SIN X  1    ARCSIN X  4

COS X  2    ARCCOS X  5

TAN X  3    ARCTAN X  6


 X IST EINE KOMPLEXE
 ZAHL


BERECHNUNG:? 1


EINGABE:


REAL(X)? 2
IMAG(X)? 2

■■■■■■

REAL : 3.42095486
IMAG :-1.50930649
```

Beispiel 2.6.2: cos X

```
EINGABE:

REAL(X)? 1.24
IMAG(X)? 2.3

■■■■■■

REAL : 1.63607055
IMAG :-4.66929948
```

Beispiel 2.6.3: tan X

```
EINGABE:

REAL(X)? 2.4
IMAG(X)? -1.7

■■■■■■

REAL :-.066031357
IMAG :-.991987911
```

Beispiel 2.6.4: arcsin X   *Beispiel 2.6.5:* arccos X   *Beispiel 2.6.6:* arctan X

```
EINGABE:                    EINGABE:                    EINGABE:

REAL(X)? 2                  REAL(X)? 2.6                REAL(X)? 3
IMAG(X)? 3                  IMAG(X)? 7.8                IMAG(X)? 4




REAL : .570652784          REAL : 1.25124517          REAL : 1.448307
IMAG : 1.98338703          IMAG :-2.80290395          IMAG : .158997192
```

2.7 Nullstellen einer Funktion

Das Programm berechnet die Nullstellen einer beliebigen, vom Anwender zu definierenden Funktion. Nicht ermittelt werden dabei Wendepunkte der Funktion an der Stelle $Y = 0$.

Die Berechnung wird in einem Intervall, deren untere Grenze U und deren obere Grenze 0 festzulegen ist, durchgeführt (Bild 2.1). Das Intervall wird in gleichgroße Subintervalle der Breite D unterteilt. Im Berechnungsgang wird geprüft, ob die Funktionswerte der oberen und der unteren Grenze eines jeden Subintervalls unterschiedliche Vorzeichen aufweisen. Sollte dies der Fall sein, so erkennt das Programm auf Vorhandensein einer Nullstelle im gerade bearbeiteten Subintervall. Durch fortlaufende Halbierung des Subintervalls wird der Wert der Nullstelle soweit „eingeschachtelt", bis die verbleibende Ungenauigkeit innerhalb der vorgegebenen Fehlergrenze E liegt. Pro Subintervall kann nur *eine* Nullstelle erkannt werden. Das ist bei der Festlegung der Subintervallbreite zu beachten.

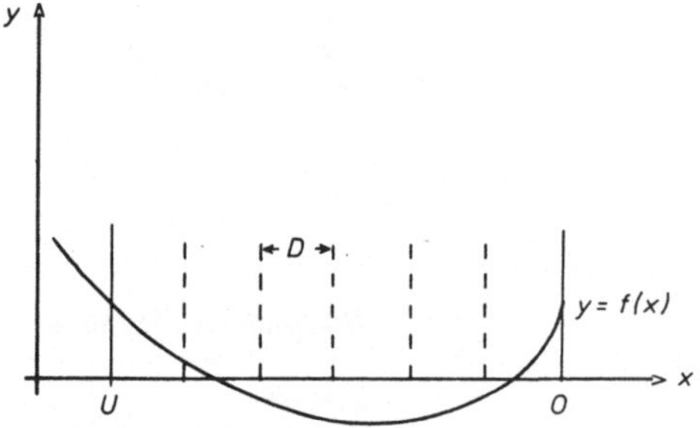

Bild 2.1

Intervalleinteilung zur Berechnung der
Nullstellen einer Funktion

Wie schon aus der Einleitung dieses Abschnitts hervorgeht, ist die Variable dieses Programms eine Funktion. In der Programmsprache BASIC ist von der Syntax her eine solche Änderung nur durch mehrfaches Verändern der entsprechenden Programmzeilen möglich. Zusätzlich ist jedesmal ein erneuter Programmstart notwendig. In dem hier vorgestellten Programm sowie in einigen der folgenden Abschnitte wird jedoch ein Unterprogramm benutzt, welches die Eingabe bzw. Änderung einer mathematischen Formel *während* des Programmlaufes ermöglicht.

Nullstellen von Funktionen

Bekanntlich setzt ein BASIC-Interpreter die in der Syntax vereinbarten Befehlscodes in sogenannte *Tokens* um und legt diese dann im Speicher ab; deshalb ist die Lösung relativ einfach. Im Programm wird eine Zeile vorgesehen, in der stets die jeweils gewünschte Verknüpfungsformel steht. Als „Platzhalter" im Speicher fungiert eine REM-Anweisung, die von einer Reihe "@" gefolgt wird. Die Eingabe der Verknüpfungsformel erfolgt dann auf dem Umweg über eine Stringeingabe. Der String wird dann stückweise in die Tokens umgewandelt und direkt in die Speicherplätze, die durch die REM-Zeile gehalten werden, „gepokt". Um unterschiedlich lange Verknüpfungen zuzulassen, wird die eingegebene Funktion automatisch durch ":REM" abgeschlossen; dadurch bilden die verbleibenden „Platzhalterstellen" weiterhin eine REM-Anweisung.

Das Unterprogramm ist im *Flußdiagramm* „Funktionseingabe" dargestellt.

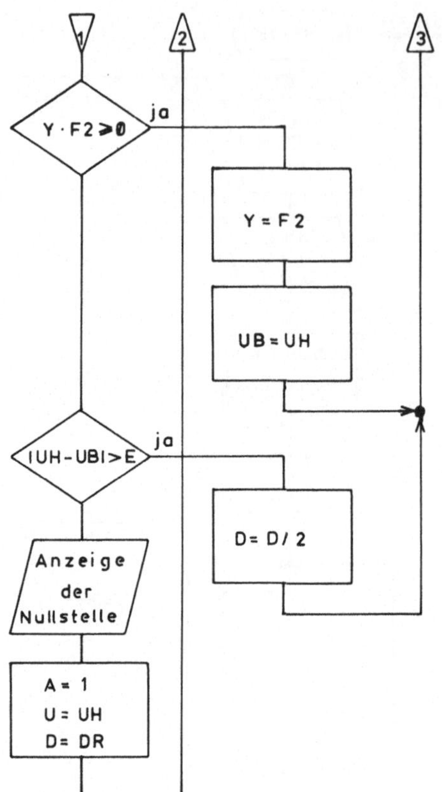

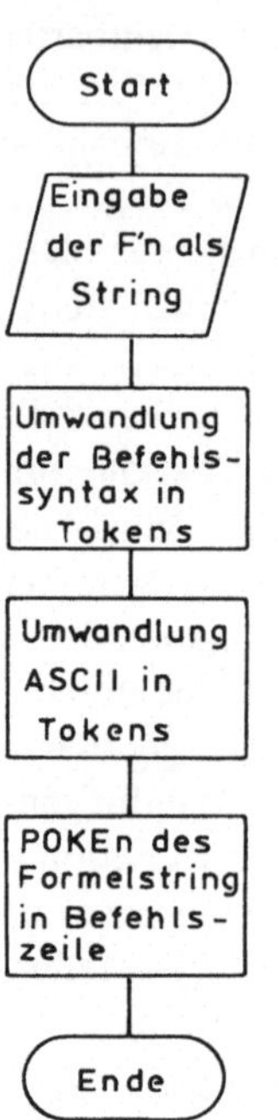

Beispiel 2.7.1 für eine Berechnung:

```
NULLSTELLEN EINER
     FUNKTION

EINGABE DER F'N(Y=..):

? Y=SIN(X+2)

UNTERE GRENZE? 0
OBERE GRENZE ? 6
SCHRITTWEITE ? .1
FEHLERGRENZE ? .001



NULLSTELLE BEI X=

 1.14140625
 4.28359375
```

Die Programmzeile 50 im *Programm* NULLSTELLEN enthält die jeweilige Verknüpfung.
Zur Verdeutlichung wurde das Printout gemacht, *bevor* eine Funktion eingegeben wurde.


```
NULLSTELLEN EINER F'N


1 POKE36879,127:PRINT"J NULLSTELLEN EINER          FUNKTION"
5 PRINT"XXEINGABE DER F'N(Y=..)":SP%=0
10 INPUTF$
15 INPUT"XUNTERE GRENZE";U
20 INPUT"OBERE GRENZE ";O
25 INPUT"SCHRITTWEITE ";D
30 INPUT"FEHLERGRENZE ";E
35 POKE4343,143
40 FORLV=4344TO4399
45 POKELV,64:NEXTLV
50 REM@@@@@@@@@@@@@@@@@@@@@@@@@@@@@@@@@@@@@@@@@@@@@@@@@@@@@@@@@@@@@@@@@@@@
52 IFSP%=1THENRETURN
55 XS=1:L=LEN(F$):AD=4343
60 A$=MID$(F$,XS,3)
65 IFA$="SQR"THENC=186:GOTO115
70 IFA$="ATN"THENC=193:GOTO115
75 IFA$="SIN"THENC=191:GOTO115
80 IFA$="COS"THENC=190:GOTO115
85 IFA$="TAN"THENC=192:GOTO115
90 IFA$="LOG"THENC=188:GOTO115
95 IFA$="EXP"THENC=189:GOTO115
100 C$=MID$(F$,XS,1)
105 POKEAD,ASC(C$)
106 GOSUB 300
107 IFXS=LTHEN125
110 XS=XS+1:AD=AD+1:GOTO60
115 POKEAD,C:IFXS>=L-2THEN125
120 XS=XS+3:AD=AD+1:GOTO60
125 POKEAD+1,58
130 POKEAD+2,143
135 IFU>=OTHENPRINT"XFALSCHE EINGABE":FORLV=1TO2000:NEXTLV:GOTO1
140 A=0:SP%=1
145 IFU>=OANDA=0THENPRINT"XKEINE NULLSTELLE":END
147 IFU>=OTHENEND
150 UB=U:U=UB+D:UH=UB+D:X=UH:GOSUB50
155 F1=Y:UI=UB:X=UI:GOSUB50
160 IFY=0THEN200
165 IFY*F1>=0THEN145
170 UI=(UB+UH)/2
175 IFABS(UH-UB)<ETHEN200
180 X=UI:GOSUB50
185 IFY*F1=0THEN200
190 IFY*F1>=0THENUH=UI:F1=Y:GOTO170
195 UB=UI:GOTO170
200 IFA=0THENPRINT":NULLSTELLE BEI X=X"
205 A=1:PRINTX:GOTO145
300 IFPEEK(AD)=43THENPOKEAD,170
305 IFPEEK(AD)=45THENPOKEAD,171
310 IFPEEK(AD)=42THENPOKEAD,172
315 IFPEEK(AD)=47THENPOKEAD,173
320 IFPEEK(AD)=94THENPOKEAD,174
325 IFPEEK(AD)=61THENPOKEAD,178
330 RETURN
```

2.8 Bestimmtes Integral

In den Naturwissenschaften muß man häufig den Wert eines bestimmten Integrals

$$I = \int_{x_0}^{x_n} f(x)\, dx$$

ermitteln. Aus der Analysis ist bekannt, daß der Wert des bestimmten Integrals mit Hilfe des „unbestimmten" Integrals durch anschließendes Einsetzen der Integrationsgrenzen berechnet wird. Kenner wissen, wie schwierig es häufig ist, eine Stammfunktion zu finden. Ein Computer wäre sicherlich nur schwer so zu programmieren, daß er die Integration entsprechend den unterschiedlichen Regeln der Analysis durchführt.

In der Praxis benutzt man hier vielmehr Verfahren der numerischen Mathematik, die zwar sehr viele Rechenschritte erfordern, aber dennoch bestechend einfach sind.

Das Integral einer Funktion ist, geometrisch gesehen, die Fläche unter dieser Funktion (Bild 2.2).

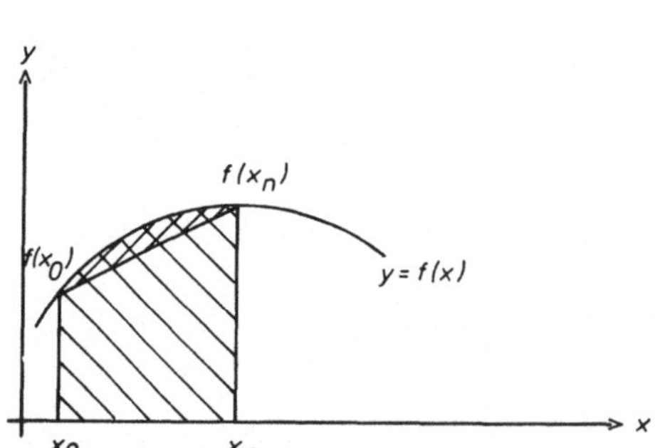

Bild 2.2 Darstellung eines bestimmten Integrals als Fläche unter der Funktion

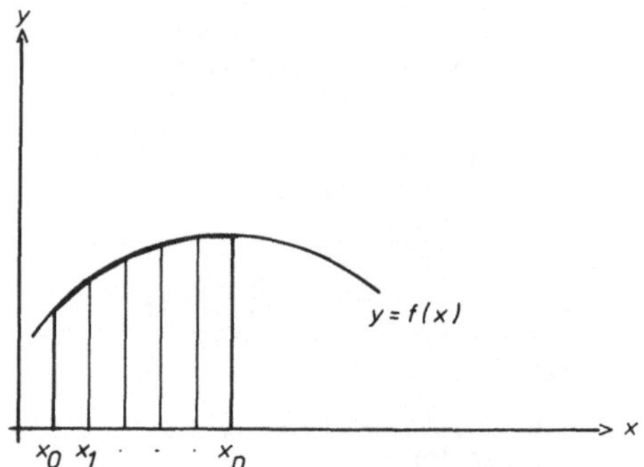

Bild 2.3 Erhöhung der „Genauigkeit" durch Einteilung in viele kleine Trapeze

Ersetzt man das Kurvenstück zwischen $f(x_0)$ und $f(x_n)$ durch eine Gerade, so ist die unter der Geraden verbleibende Fläche ein Trapez, dessen Flächeninhalt sich zu

$$F = \frac{x_n - x_0}{2}\,(f(x_0) + f(x_n))$$

errechnen läßt. Würde man diesen Flächeninhalt als Lösung des bestimmten Integrals annehmen, so ergäbe sich ein Fehler in der Größe des Flächenstücks, das einerseits durch die Gerade, andererseits durch das Kurvenstück zwischen $f(x_0)$ und $f(x_n)$ begrenzt wird.

Dieser Fehler läßt sich jedoch minimieren, indem man die Fläche unter dem Kurvenstück nicht durch *ein* Trapez, sondern durch sehr viele, entsprechend schmalere ersetzt (Bild 2.3).

Je größer die Anzahl dieser kleinen Trapeze ist, desto kleiner ist die Differenz zwischen dem exakten Wert des Integrals und der Summe der Flächeninhalte der Trapeze.

Die senkrechten Begrenzungen der Trapeze werden auch „Stützstellen" genannt.

Bestimmtes Integral

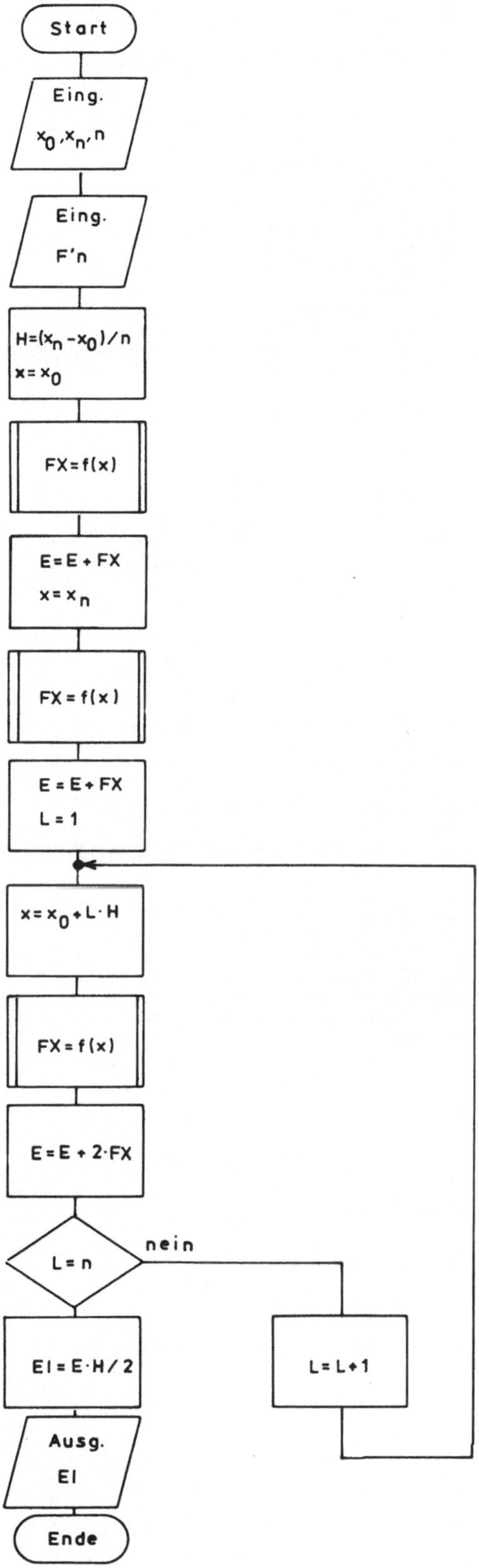

Die hier vorgestellte Programmlösung basiert auf der gerade besprochenen *Trapezregel.* Im Programm selbst ist die bereits im Abschn. 2.7 vorgestellte Möglichkeit der Formeleingabe in ein laufendes Programm enthalten.

Flußdiagramm, Programmliste und *Beispiel* 2.8.1 erläutern die Berechnung eines bestimmten Integrals.

BESTIMMTES INTEGRAL

```
1 POKE36879,127:PRINT"⊃ BESTIMMTES INTEGRAL"
5 PRINT"    (TRAPEZREGEL)"
10 PRINT"◼◼EINGABE DER F'N(Y=..):":SP%=0
15 INPUTF$
20 INPUT"◼UNTERE GRENZE";X0
25 INPUT"OBERE GRENZE ";XN
30 PRINT"ANZAHL DER"
35 INPUT"STUETZSTELLEN";N
40 POKE4349,143
45 FORLV=4350TO4405
50 POKELV,64:NEXTLV
55 Y=EXP(X)/2:REM◘◘◘◘◘◘◘◘◘◘◘◘◘◘◘◘◘◘◘◘◘◘◘◘◘◘◘◘◘◘◘◘◘◘◘◘◘u◘◘◘◘◘◘◘◘◘◘
60 IFSP%=1THENRETURN
65 XS=1:L=LEN(F$):AD=4349
70 A$=MID$(F$,XS,3)
75 IFA$="SQR"THENC=186:GOTO125
80 IFA$="ATN"THENC=193:GOTO125
85 IFA$="SIN"THENC=191:GOTO125
90 IFA$="COS"THENC=190:GOTO125
95 IFA$="TAN"THENC=192:GOTO125
100 IFA$="LOG"THENC=188:GOTO125
105 IFA$="EXP"THENC=189:GOTO125
110 C$=MID$(F$,XS,1)
115 POKEAD,ASC(C$ :GOSUB250
117 IFXS=LTHEN135
120 XS=XS+1:AD=AD+1:GOTO70
125 POKEAD,C:IFXS>=L-2THEN135
130 XS=XS+3:AD=AD+1:GOTO70
135 POKEAD+1,58:POKEAD+2,143
170 SP%=1:N=N-1:H=(XN-X0)/N
175 X=X0:E=0:GOSUB55
180 E=E+Y:X=XN:GOSUB55
182 E=E+Y
185 FORL=1TON-1:X=X0+L*H:GOSUB55
190 E=E+2*Y:NEXTL
200 PRINT"◼◼ERGEBNIS DER","INTEGRATION:◼"
205 PRINT(E*H/2)
210 END
250 IFPEEK(AD)=43THENPOKEAD,170
255 IFPEEK(AD)=45THENPOKEAD,171
260 IFPEEK(AD)=42THENPOKEAD,172
265 IFPEEK(AD)=47THENPOKEAD,173
270 IFPEEK(AD)=94THENPOKEAD,174
275 IFPEEK(AD)=61THENPOKEAD,178
280 RETURN
```

Beispiel 2.8.1

```
BESTIMMTES INTEGRAL
    (TRAPEZREGEL)


EINGABE DER F'N(Y=..):

? Y=EXP(X)/2

UNTERE GRENZE? 1.2
OBERE GRENZE ? 2.8
ANZAHL DER
STUETZSTELLEN? 9


ERGEBNIS DER
INTEGRATION:

6.58412458
```

2.9 Gaußscher Algorithmus

Es gibt verschiedene Methoder zur Lösung linearer Gleichungssysteme. Die am häufigsten angewendete Methode ist das Gaußsche Eliminationsverfahren, auch Gaußscher Algorithmus genannt.

Wir gehen von folgendem grundsätzlichem Aufbau eines Systems simultaner Gleichungen aus:

$$a_{11}x_1 + a_{12}x_2 + \ldots + a_{1n}x_n = b_1$$
$$a_{21}x_1 + a_{22}x_2 + \ldots + a_{2n}x_n = b_2$$
$$\vdots$$
$$a_{n1}x_1 + a_{n2}x_2 + \ldots + a_{nn}x_n = b_n$$

Man kann die Koeffizienten des Gleichungssystems auch kompakter in der Matrixschreibweise darstellen:

$$\begin{matrix} a_{11} & a_{12} & \ldots & a_{1n} & b_1 \\ a_{21} & a_{22} & \ldots & a_{2n} & b_2 \\ \cdot & \cdot & & \cdot & \cdot \\ \cdot & \cdot & & \cdot & \cdot \\ a_{n1} & a_{n2} & \ldots & a_{nn} & b_n \end{matrix}$$

Diese Schreibweise wird möglich, da folgende Rechenregeln nicht nur für lineare Gleichungssysteme, sondern analog auch für Matrizen gültig sind.

1. Die Reihenfolge der Gleichungen kann beliebig vertauscht werden.
2. Beide Seiten einer Gleichung können mit demselben Faktor multipliziert werden, ohne die Lösung zu verändern.
3. Zwei beliebige Gleichungen können addiert werden.

Auf der Grundlage dieser drei aufgeführten Rechenregeln wird die Matrix in folgenden Rechenschritten auf Dreiecksform gebracht.

— Dividiere jedes Element der obersten Matrixzeile durch das Element a_{11}. Ist $a_{11} = 0$, so ist vor der Division die oberste Zeile mit einer anderen zu tauschen, deren linkes Element $\neq 0$ ist. Durch die Division wird dann $a_{11} = 1$.
— Addiere Vielfache der ersten Zeile zu jeder anderen Zeile dergestalt, daß das linke Element 0 wird. Ist beispielsweise $a_{21} = 3$, so multipliziere jedes Element der obersten Zeile mit -3 und addiere diese multiplizierte Zahl zu Zeile 2; das Ergebnis ist, daß $a_{21} = 0$ wird. Ebenso ist mit den übrigen Zeilen zu verfahren, bis die Matrix die folgende Gestalt hat:

$$\begin{matrix} 1 & a'_{12} & \ldots & a'_{1n} & b'_1 \\ 0 & a'_{22} & \ldots & a'_{2n} & b'_2 \\ \cdot & \cdot & & \cdot & \cdot \\ \cdot & \cdot & & \cdot & \cdot \\ 0 & a'_{n2} & \ldots & a'_{nn} & b'_n \end{matrix}$$

— Nun vernachlässigt man die erste Zeile und die erste Spalte und betrachtet lediglich die so entstandene n − 1 Submatrix. Bei dieser ist Schritt für Schritt das gleiche Reduktionsverfahren, wie in den ersten beiden Punkten beschrieben, anzuwenden. Anschließend wird die n − 2 Submatrix entsprechend umgewandelt usw., bis die Matrix endgültig die folgende Form hat:

$$\begin{matrix} 1 & a'_{12} & a'_{13} & \dots & a'_{1n} & b'_1 \\ 0 & 1 & a'_{23} & \dots & 1'_{2n} & b'_2 \\ 0 & 0 & 1 & \dots & a'_{3n} & b'_3 \\ \cdot & \cdot & \cdot & & \cdot & \cdot \\ \cdot & \cdot & \cdot & & \cdot & \cdot \\ 0 & 0 & 0 & \dots & 1 & b'_n \end{matrix}$$

Vergegenwärtigen wir uns nun, daß wir die Matrixform lediglich als andere Schreibweise für das lineare Gleichungssysteme gewählt haben, so liegen uns doch nun folgende Simultangleichungen vor:

$$x_1 + a'_{12}x_2 + a'_{13}x_3 + \dots + a'_{1n}x_n = b'_1$$
$$x_2 + a'_{23}x_3 + \dots + a'_{2n}x_n = b'_2$$
$$x_3 + \dots + a'_{3n}x_n = b'_3$$
$$\cdot \qquad \cdot$$
$$\cdot \qquad \cdot$$
$$x_n = b'_n$$

Mit der letzten Gleichung ist x_n bereits bestimmt. Setzt man nun Schritt für Schritt die erhaltenen Lösungen in die nächsthöhere Zeile ein, so erhält man alle Werte von x_n bis x_1.

Auf dem soeben beschriebenen „Rezept" beruht auch unser *Programm* (siehe auch *Flußdiagramm* und *Beispiel* 2.9.1).

Beispiel 2.9.1

```
ANZAHL DER               ■IGO■■GIIIG■I
UNBEKANNTEN:? 3
                         X 1 = 1.09566788
                         X 2 =-1.33212996
EINGABE DER              X 3 = 1.64801444
KONSTANTEN:
A 11        ? 1
A 12        ? -2
A 13        ? 5
B 1         ? 12
A 21        ? 3
A 22        ? -8
A 23        ? -3
B 2         ? 9
A 31        ? 10
A 32        ? 5
A 33        ? -2
B 3         ? 1
```

Gaußscher Algorithmus

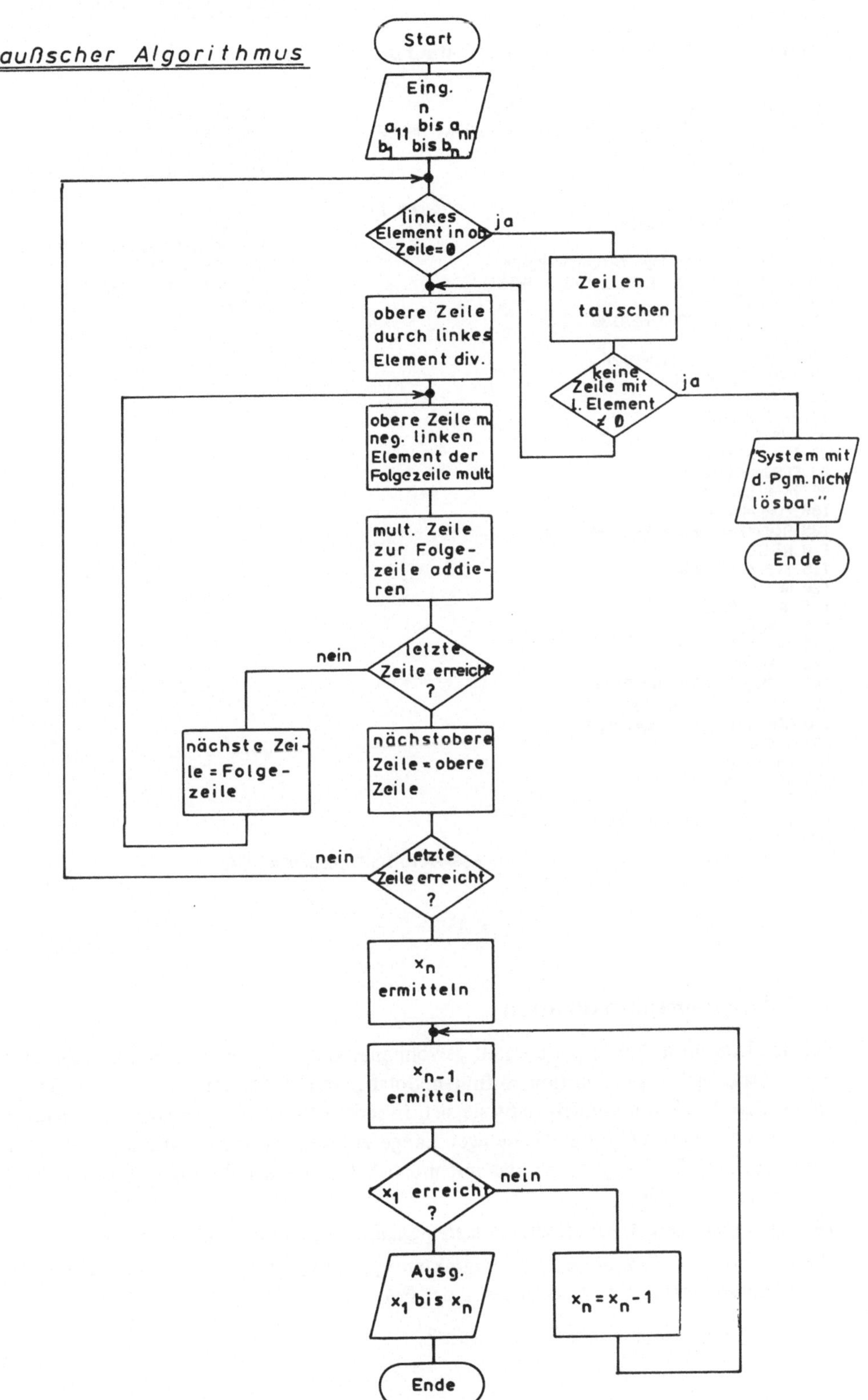

GAUSS'SCHER ALGORITHMUS

```
1 PRINT"J":FORL=1TO5:PRINT"N":NEXTL
5 PRINTTAB(4)"GAUSS'SCHER",SPC(4)"ALGORITHMUS"
10 FORL=1TO3000:NEXTL
15 PRINT"ANZAHL DER"
20 INPUT"UNBEKANNTEN:";N
25 PRINT"EINGABE DER","KONSTANTEN:":DIMA(N*11)
30 FORL=10TON*10STEP10
35 FORM=1TON
40 PRINT"A";L+M,:INPUTA(L+M):NEXTM
45 PRINT"B";L/10,:INPUTB(L/10):NEXTL
50 FORM=1TON
55 P=A(M*11):IFP=0THEN130
60 FORL=MTON
65 A(M*10+L)=A(M*10+L)/P
70 HA(L)=A(M*10+L)
75 NEXTL
80 B(M)=B(M)/P
85 HB=B(M)
87 IFM>=NTHEN125
90 FORQ=M+1TON
95 V=-A(Q*10+M)
100 FORL=MTON
105 A(Q*10+L)=A(Q*10+L)+HA(L)*V
110 NEXTL
115 B(Q)=B(Q)+HB*V
120 NEXTQ
125 NEXTM:GOTO195
130 HL=M+1
135 IFHL>NTHEN190
140 FORL=MTON
145 HZ(HL*10+L)=A(M*10+L)
150 A(M*10+L)=A(HL*10+L)
155 A(HL*10+L)=HZ(HL*10+L)
160 NEXTL
165 BH=B(M)
170 B(M)=B(HL)
175 B(HL)=BH
180 IFA(M*11)=0THENHL=HL+1:GOTO135
185 GOTO55
190 PRINT"SYSTEM IST MIT DIESEM PROGRAMM NICHT LOESBAR":END
195 X(N)=B(N)
200 FORL=N-1TO1STEP-1
205 FORQ=L+1TON
210 B(L)=B(L)-X(Q)*A(L*10+Q)
215 NEXTQ
220 X(L)=B(L)
225 NEXTL
230 PRINT"ERGEBNIS:"
235 FORL=1TON
240 PRINT"X";L;"=";X(L)
245 NEXTL
```

2.10 Polynomapproximation

Bei der Interpretation experimentell gewonnener Daten ist es ein primäres Ziel, eine zu diesen Daten gehörige Funktion zu finden. Solange es sich bei der gesuchten Funktion um eine stetige Funktion handelt, läßt sie sich in jedem Fall durch ein Polynom ausdrücken. Da wir hier keine Polynome beliebiger Länge zulassen können, wird also das Polynom (vorgegebenen Grades) gesucht, das mit möglichst kleinem Fehler den funktionalen Verlauf der Daten angibt.

Die hier verwendete *Methode der kleinsten Quadrate* geht von folgendem aus:

Gegeben ist eine Anzahl von Datenpunkten $x_1, y_1; x_2, y_2; \dots x_n, y_n$. Gesucht wird ein Approximationspolynom des Grades m der Form

$$P(x) = a_0 + a_1 x + a_2 x^2 + \dots + a_m x^m,$$

wobei der Fehler $E_i = y_i - P(x_i)$ für $i = 1 \ldots n$ ist. Bei der Methode der kleinsten Quadrate wird die Summe der Quadrate der Fehler so klein wie möglich gemacht. Daraus ergibt sich die Funktion:

$$f(a_0 \ldots a_m) = \sum_{i=1}^{n} (y_i - \sum_{j=0}^{m} a_j x_i^j)^2$$

Um das Minimum zu finden, bildet man die erste Ableitung für jedes a_j und setzt diese gleich 0.

$$\frac{df}{da_k} = -2 \sum_{i=1}^{n} ((y_i - \sum_{j=0}^{m} a_j x_i^j) x_i^k) = 0 \quad k = 0, 1, \ldots, m$$

Dieser Ausdruck kann umgeformt werden zu:

$$\sum_{i=1}^{n} y_i x_i^k - \sum_{i=1}^{n} \left(\sum_{j=0}^{m} a_j x_i^j \right) = 0 \qquad \text{oder} \qquad \sum_{i=1}^{n} y_i x_i^k - \sum_{j=0}^{m} \left(\sum_{i=1}^{n} x_i^{j+k} \right) a_j = 0$$

Dieses wiederum ist ein System mit $m + 1$ linearen Gleichungen und den Unbekannten $a_0, \ldots, a_m$. Es wird beispielsweise mit dem Gaußschen Algorithmus, der im vorhergehenden Abschnitt beschrieben wurde, gelöst.

Das soll nun noch einmal an Hand eines einfachen Zahlenbeispiels verdeutlicht werden:

Gegeben sei ein Meßergebnis in Form einer Wertetabelle. Die unabhängige Variable werde mit x, die abhängige Variable mit y bezeichnet.

x	0	1	2	3	4
y	$-3{,}0$	$-1{,}02$	$1{,}04$	$3{,}01$	$4{,}99$

Es soll versucht werden, den gegebenen Werten mittels einer Geraden $y = a_0 + a_1 x$, also einem Polynom ersten Grades, gerecht zu werden. Es ergeben sich somit folgende Zwischenwerte:

i	x_i^0	x_i^1	x_i^2	y_i	$x_i y_i$
1	1	0	0	$-3{,}00$	$0{,}00$
2	1	1	1	$-1{,}02$	$-1{,}02$
3	1	2	4	$1{,}04$	$2{,}08$
4	1	3	9	$3{,}01$	$9{,}03$
5	1	4	16	$4{,}95$	$19{,}80$
Σ	5	10	30	$4{,}98$	$29{,}89$

Es ergibt sich daraus das lineare Gleichungssystem:

$$5a_0 + 10a_1 = 4{,}98$$
$$10a_0 + 30a_1 = 29{,}89$$

mit den Lösungen $a_0 = -2{,}99$ und $a_1 = 1{,}99$. Das Approximationspolynom lautet somit:

$$y = -2{,}99 + 1{,}99x.$$

Wenden wir uns nun dem Computerprogramm zu. Das *Flußdiagramm*, in das auch der im vorhergehenden Kapitel beschriebene Gaußsche Algorithmus implementiert ist, beschreibt das *Programm* POLYNOM-APPROXIMATION.

<u>*Polynomapproximation*</u>

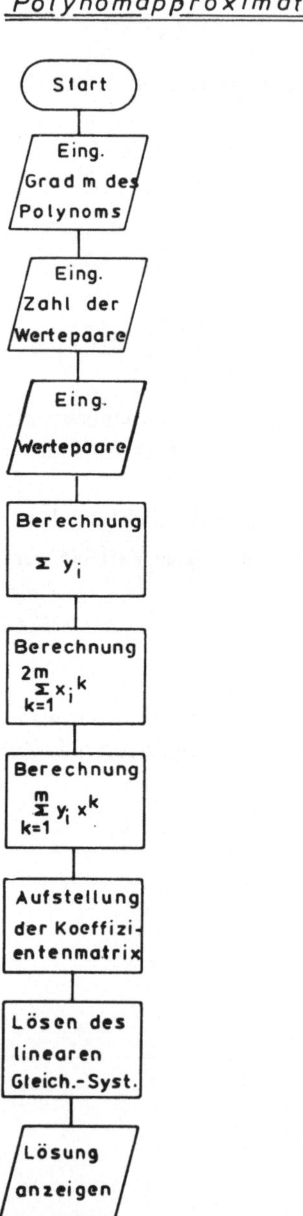

Beispiel 2.10.1 zeigt eine Berechnung.

```
POLYNOMAPPROXIMATION

    (METHODE DER
KLEINSTEN QUADRATE)




GRAD DES
POLYNOMS:? 4


ANZAHL DER
FUNKTIONS-
WERTE:    ? 7




X:? -.45
Y:? 1

X:? -.15
Y:? .87

X:? .15
Y:? .5

X:? .45
Y:? 0

X:? .75
Y:? -.5

X:? .9
Y:? -.71

X:? 1.35
Y:? -1


A 0 = .707828483
A 1 =-1.2586819
A 2 =-1.02837036
A 3 = .734605451
A 4 = .0175489391
```

POLYNOMAPPROXIMATION

```
1 POKE36879,127:PRINT"⌂ POLYNOMAPPROXIMATION▉"
5 PRINTTAB(4)"(METHODE DER",," KLEINSTEN QUADRATE)"
10 PRINT"▉▉▉▉▉▉GRAD DES"
15 INPUT"POLYNOMS:";M
20 PRINT"▉▉▉▉ANZAHL DER",,"FUNKTIONS-"
25 INPUT"WERTE:     ";N
30 DIMX(N):DIMY(N)
35 PRINT"⌂":FORL=1TON
40 PRINT"▉ ";L;"▉"
45 INPUT"X:";X(L):INPUT"Y:";Y(L):NEXTL
50 DIMSX(2*M):DIMXY(M)
55 FORL=1TON
60 SY=SY+Y(L)
65 NEXTL
70 FORK=1TO2*M
75 FORL=1TON
80 SX(K)=SX(K)+X(L)↑K
85 NEXTL
90 NEXTK
95 FORK=1TOM
100 FORL=1TON
105 XY(K)=XY(K)+Y(L)*X(L)↑K
110 NEXTL
115 NEXTK
120 NG=M+1:DIMA(NG*11):B(1)=SY
125 FORL=2TONG
130 B(L)=XY(L-1)
135 NEXTL
140 A(11)=N
145 FORL=2TONG
150 A(10+L)=SX(L-1)
155 NEXTL
160 FORQ=2TONG
165 FORL=1TONG
170 A(Q*10+L)=SX((Q-2)+L)
175 NEXTL
180 NEXTQ
350 FORMG=1TONG
355 P=A(MG*11):IFP=0THEN430
360 FORL=MGTONG
365 A(MG*10+L)=A(MG*10+L)/P
370 HA(L)=A(MG*10+L)
375 NEXTL
380 B(MG)=B(MG)/P
385 HB=B(MG)
387 IFMG>=NGTHEN425
390 FORQ=MG+1TONG
395 V=-A(Q*10+MG)
400 FORL=MGTONG
405 A(Q*10+L)=A(Q*10+L)+HA(L)*V
410 NEXTL
415 B(Q)=B(Q)+HB*V
420 NEXTQ
425 NEXTMG:GOTO495
430 HL=MG+1
435 IFHL>NGTHEN490
440 FORL=MGTONG
445 HZ(HL*10+L)=A(MG*10+L)
450 A(MG*10+L)=A(HL*10+L)
455 A(HL*10+L)=HZ(HL*10+L)
460 NEXTL
465 BH=B(MG)
470 B(MG)=B(HL)
475 B(HL)=BH
480 IFA(MG*11)=0THENHL=HL+1:GOTO435
485 GOTO355
490 PRINT"▉▉▉▉KOEFFIZIENTENMATRIX","IST MIT
    DIESEM PRO-","GRAMM NICHT LOESBAR▉":
END
495 C(NG)=B(NG)
500 FORL=NG-1TO1STEP-1
505 FORQ=L+1TONG
510 B(L)=B(L)-C(Q)*A(L*10+Q)
515 NEXTQ
520 C(L)=B(L)
525 NEXTL
530 PRINT"⌂▉ERGEBNIS:▉▉"
535 FORL=1TONG
540 PRINT"A";L-1;"=";C(L)
545 NEXTL
```

3 Programme aus dem Bereich der Elektrotechnik

In diesem Kapitel werden Programmlösungen spezieller Problemstellungen aus den Bereichen Elektrotechnik und Elektronik vorgestellt. Auch hier wurde darauf geachtet, ein möglichst breite Spektrum der häufig sich ergebenden Aufgabenstellungen abzudecken.

3.1 Wirkungsgrad und Leistungsverlust bei Fehlanpassung

Nicht immer kann die ideale Anpassung, Impedanz der Quelle gleich Impedanz des Verbrauchers, hergestellt werden. Für den Fall der Fehlanpassung ist dann natürlich von Interesse, welcher Leistungsverlust hierdurch hervorgerufen wird, und wie hoch der Wirkungsgrad ist.

Verwendete Formeln:

$$\text{Leistungsverlust } P_L = 10 \cdot \left(0{,}602 + \log \frac{ZL}{ZS} - 2 \cdot \log \left(1 + \frac{ZL}{ZS}\right)\right)$$

$$\text{Wirkungsgrad } E = 100 \cdot \frac{ZL/ZS}{1 + ZL/ZS}$$

wobei: ZS = Impedanz der Quelle
ZL = Impedanz des Verbrauchs.

Das *Programm* FEHLANPASSUNG, das zugehörige *Flußdiagramm* und ein *Beispiel* 3.1.1 sind nachfolgend angegeben.

```
FEHLANPASSUNG                              QUELL-IMPEDANZ:
                                           ? 100

1 PRINT"[CLR]":FORL=1TO4:PRINT"[DOWN]":NEXTL
5 PRINTTAB(3)"FEHLANPASSUNG";SPC(9)"============"   LAST-IMPEDANZ:
10 PRINT"[DOWN] -WIRKUNGSGRAD UND"         ? 200
15 PRINT"[DOWN] -LEISTUNGSVERLUST"
20 FORP=1TO3000:NEXTP
30 PRINT"[CLR]QUELL-IMPEDANZ:":INPUTZS
35 PRINT"[DOWN][DOWN]LAST-IMPEDANZ:":INPUTZL
40 RM=ZL/ZS                                -.512125139 [DB]
45 PL=10*(.602+LOG(RM)/LOG(10)-2*(LOG(1+RM)/LOG(10)))
50 E=100*(RM/(1+RM))
55 PRINT"[DOWN][DOWN][DOWN]LEISTUNGSVERLUST:  ",PL;"[DB]"
60 PRINT"[DOWN][DOWN]WIRKUNGSGRAD:  ",E;"%"    66.6666667 %
```

Wirkungsgrad und Leistungsverlust
bei Fehlanpassung

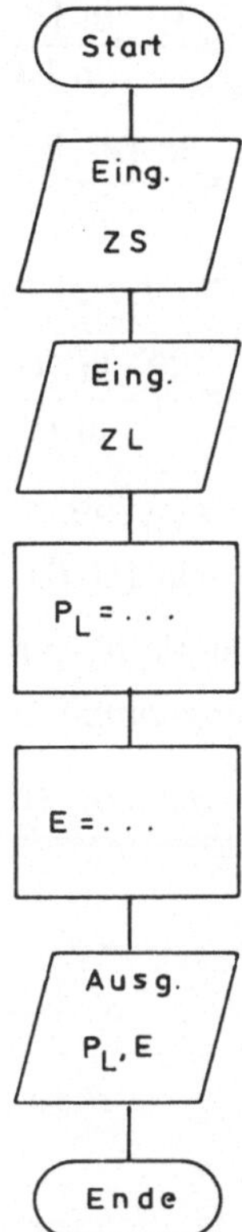

3.2 Umrechnung dB, Np, Leistungs-, Spannungs-, Stromverhältnis

Sehr häufige Umrechnungen von Einheiten in der Nachrichtentechnik sind die zwischen dB, Np, Leistungsverhältnis, Spannungsverhältnis und Stromverhältnis. Dieses Programm berechnet nach Wahl und Eingabe einer der fünf Größen die verbleibenden vier Verhältnisgrößen.

Verwendete Formeln:

$$\{P_2/P_1\} = 10^{\{db\}/10}$$

$$\{Np\} = \frac{\ln \{P_2/P_1\}}{2}$$

$$\{U_2/U_1\} = \{I_2/I_1\} = e^{\{Np\}}$$

für die Eingabe in dB

$$\{P_2/P_1\} = e^{2 \cdot \{Np\}}$$

$$\{dB\} = \frac{10 \cdot \ln \{P_2/P_1\}}{\ln 10}$$

$$\{U_2/U_1\} = \{I_2/I_1\} = e^{\{Np\}}$$

für die Eingabe in Np

$$\{dB\} = \frac{10 \cdot \ln\{P_2/P_1\}}{\ln 10}$$

$$\{Np\} = \frac{\ln\{P_2/P_1\}}{2}$$ für die Eingabe P_1 und P_2

$$\{U_2/U_1\} = \{I_2/I_1\} = e^{\{Np\}}$$

$$\{dB\} = \frac{20 \cdot \ln\{U_2/U_1\}}{\ln 10}$$

$$\{P_2/P_1\} = 10^{\{dB\}/10}$$ für Eingabe U_1 und U_2 bzw. I_1 und I_2
$$\{Np\} = \ln\{U_2/U_1\}$$

alle Formeln gelten für $R_1 = R_2$.

Flußdiagramm, Programmliste sowie die *Beispiele* 3.2.1 und 3.2.2 konkretisieren dies.

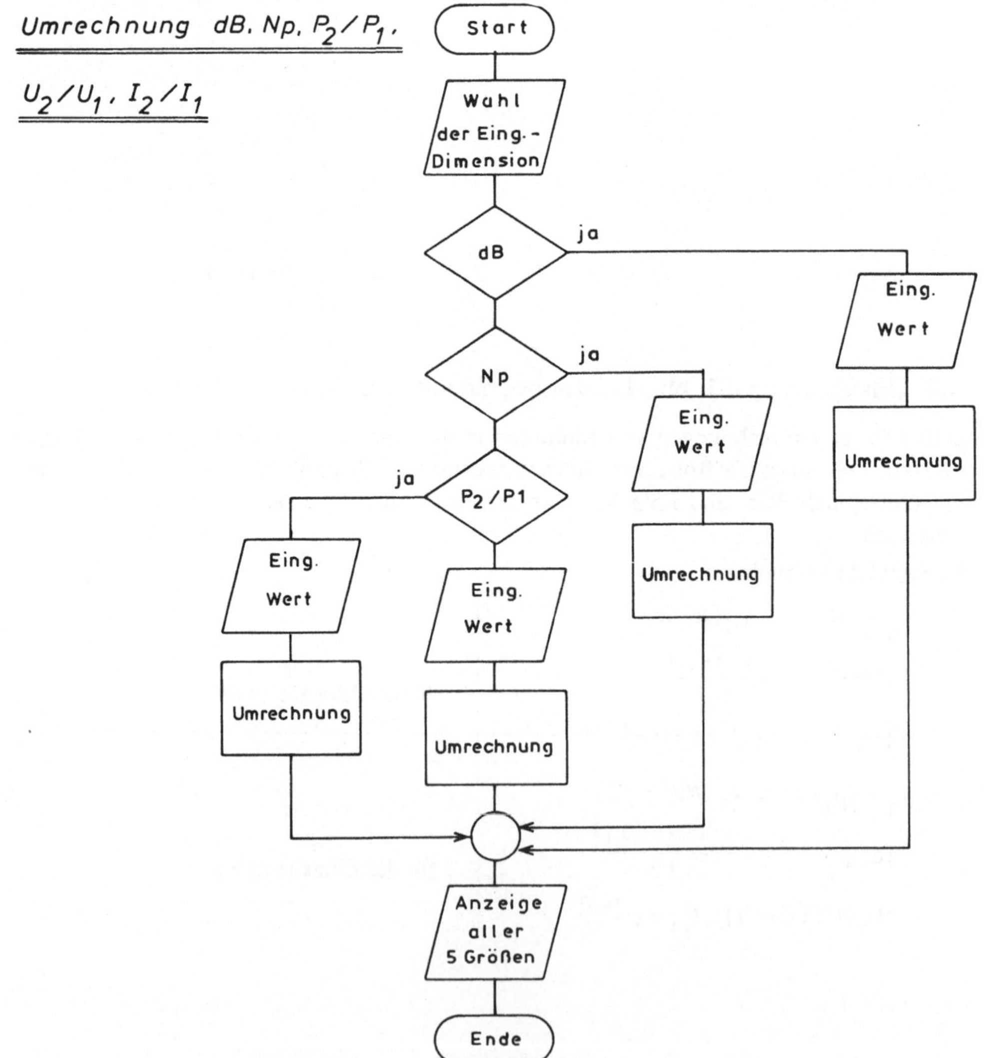

UMRECHNUNG DB,NP,...

```
1 PRINTCHR$(147):PRINTTAB(4)"UMRECHNUNGEN"
5 PRINTTAB(4)"===========":PRINT
10 PRINT"EINGABE IN:":PRINT
15 PRINTTAB(2)"DB","[1]":PRINT
20 PRINTTAB(2)"NP","[2]":PRINT
25 PRINTTAB(2)"P2/P1","[3]":PRINT
30 PRINTTAB(2)"U2/U1","[4]":PRINT
35 PRINTTAB(2)"I2/I1","[5]":PRINT
40 INPUT"WAHL DER EINGABE:";EP
45 ONEPGOSUB100,150,200,250,300
50 PRINTCHR$(147);"ERGEBNIS:■":PRINT
55 PRINTTAB(2)"DB",DB:PRINT
60 PRINTTAB(2)"NP",NP:PRINT
65 PRINTTAB(2)"P2/P1",P:PRINT
70 PRINTTAB(2)"U2/U1",UI:PRINT
75 PRINTTAB(2)"I2/I1",UI:PRINT
80 INPUT"NEUE BERECHNUNG[J/N]";NB$
85 IFNB$="J"THEN45
90 END
100 INPUT"EINGABE[DB]";DB
105 P=10↑(DB/10)
110 NP=.5*LOG(P)
115 UI=EXP(NP)
120 RETURN
150 INPUT"EINGABE[NP]";NP
155 P=EXP(2*NP)
160 DB=10*LOG(P)/LOG(10)
170 UI=EXP(NP)
175 RETURN
200 INPUT"P2=";P2
205 INPUT"P1=";P1
210 P=P2/P1
215 DB=10*LOG(P)/LOG(10)
220 NP=.5*LOG(P)
225 UI=EXP(NP)
230 RETURN
250 INPUT"U2=";U2
255 INPUT"U1=";U1
260 UI=U2/U1
265 DB=20*LOG(UI)/LOG(10)
270 P=10↑(DB/10)
275 NP=LOG(UI)
280 RETURN
300 INPUT"I2=";I2
305 INPUT"I1=";I1
310 UI=I2/I1
315 GOTO265
```

Beispiel 3.2.1

```
    UMRECHNUNGEN
    ===========

EINGABE IN:

  DB        [1]

  NP        [2]

  P2/P1     [3]

  U2/U1     [4]

  I2/I1     [5]

WAHL DER EINGABE:? 1

EINGABE[DB]? 12


  DB        12

  NP        1.38155106

  P2/P1     15.8489319

  U2/U1     3.98107171

  I2/I1     3.98107171

NEUE BERECHNUNG[J/N]?
N
```

Beispiel 3.2.2

```
    UMRECHNUNGEN
    ===========

EINGABE IN:

  DB        [1]

  NP        [2]

  P2/P1     [3]

  U2/U1     [4]

  I2/I1     [5]

WAHL DER EINGABE:? 3

P2=? 15
P1=? 1.5


  DB        10

  NP        1.15129255

  P2/P1     10

  U2/U1     3.16227766

  I2/I1     3.16227766

NEUE BERECHNUNG[J/N]?
N
```

3.3 Umrechnung Parallel-/Serienschaltung

Gelegentlich ist es bei Schaltungsberechnungen einfacher, eine Parallelschaltung vor dem Weiterrechnen in eine äquivalente Serienschaltung umzuwandeln.

Dieses Programm wandelt eine Parallelschaltung aus Blindwiderstand und ohmschem Widerstand in eine äquivalente Reihenschaltung um und umgekehrt (Bild 3.1).

Verwendete Gleichungen:

$$R_s = \frac{1}{\dfrac{1}{R_p} + \dfrac{R_p}{X_p^2}}$$

$$X_S = \frac{R_S \cdot R_p}{X_p}$$

$$R_p = R_S + \frac{X_S^2}{R_S}$$

$$X_p = \frac{R_p \cdot R_S}{X_S}$$

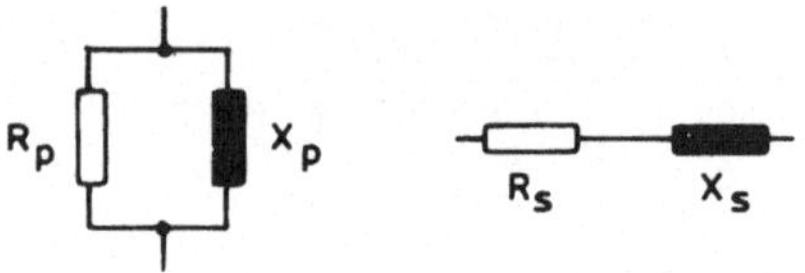

Bild 3.1 Parallel- und Serienschaltung

In diesem *Programm* PARALLEL-/SERIENSCHALTUNG implementiert ist eine graphische Darstellung der beiden Schaltbilder (Subroutine 500). In der Hardcopy des Rechenbeispiels kommt diese Graphik jedoch nicht so zur Wirkung wie auf dem Bildschirm, da der verwendete Drucker (Commodore VC 1515) automatisch einen Zwischenraum zwischen zwei Zeilen läßt.

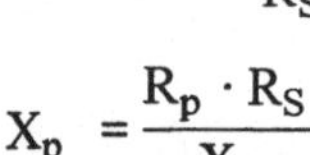

```
PARALLEL-/SERIENSCHALTUNG

1 POKE36879,127:PRINT"[]":PRINTTAB(5)"UMWANDLUNG"
5 GOSUB500
10 PRINT"PARALLEL->SERIE    [1]"
15 PRINT"SERIE->PARALLEL    [2]"
20 INPUT"RECHENWEG:";R
25 PRINTCHR$(147):GOSUB500
30 IFR=2THEN100
35 INPUT"RP=";RP:INPUT"XP=";XP
40 RS=1/(1/RP+RP/XP↑2)
45 XS=RS*RP/XP
50 PRINT"RS= ";RS
55 PRINT"XS= ";XS
60 END
100 INPUT"RS=";RS:INPUT"XS=";XS
105 RP=RS+XS↑2/RS
110 XP=RP*RS/XS
115 PRINT"RP= ";RP
120 PRINT"XP= ";XP
125 END
500 PRINTTAB(2)"RP":PRINT
505 PRINT"  ┌──┐ "
510 PRINT" ┤──├  =  ┬─┤─┤─┬─"
515 PRINT" └──┘";SPC(6)"──  ──"
520 PRINT"  ──";SPC(7)"RS   XS"
525 PRINT"  XP"
530 RETURN
```

Das *Flußdiagramm* sowie die *Beispiele* 3.3.1 und 3.3.2 geben weitere Erläuterungen.

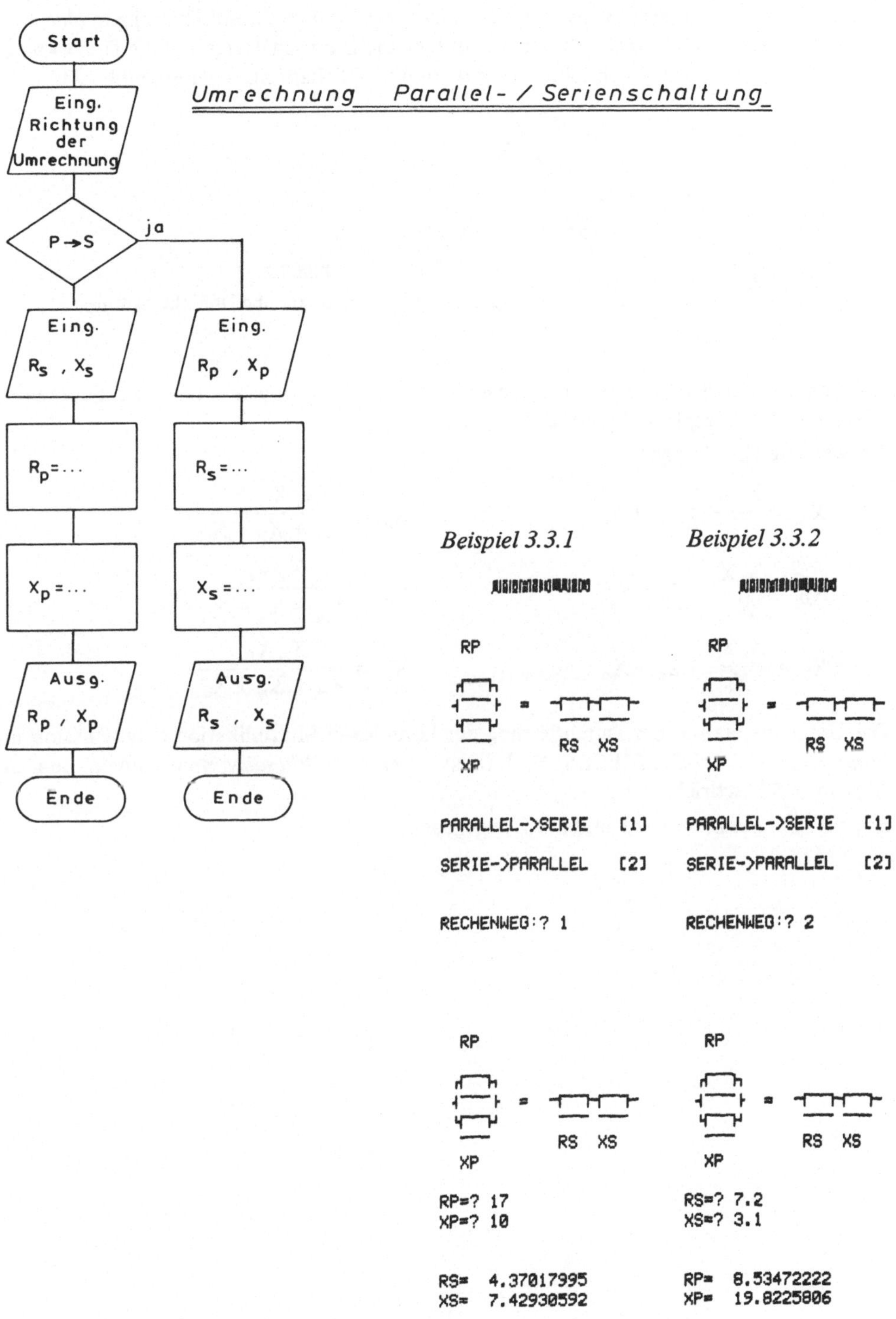

3.4 Umrechnung Stern-/Dreieck-Schaltung

Wie im Abschn. 3.3 geht es hier um die Umwandlung einer Grundschaltung in eine äquivalente andere. Die Grundschaltungen sind hier die Sternschaltung und die Dreieckschaltung. Sie werden in der Nachrichtentechnik Pi- und T-Schaltung genannt (Bild 3.2).

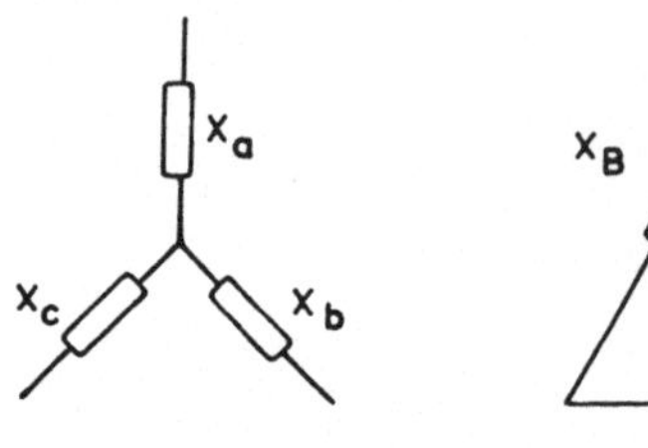
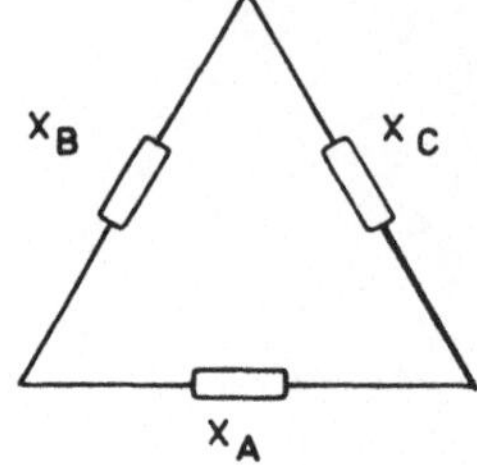

Bild 3.2
Stern- und Dreieckschaltung

im Programm sind wieder Umwandlungen in beiden Richtungen vorgesehen. Für die drei Elemente sind komplexe Widerstände zugelassen.

Verwendete Gleichungen:

$$X_A = \frac{X_b X_c}{X_a} + X_b + X_c \qquad\qquad X_a = \frac{X_B X_C}{X_A + X_B + X_C}$$

$$X_B = \frac{X_a X_c}{X_b} + X_a + X_c \qquad\qquad X_b = \frac{X_A X_C}{X_A + X_B + X_C}$$

$$X_C = \frac{X_a X_b}{X_c} + X_a + X_b \qquad\qquad X_c = \frac{X_A X_B}{X_A + X_B + X_C}$$

Die Unterprogramme zur Durchführung der komplexen Multiplikation bzw. Division im *Programm* STERN-/DREIECKSCHALTUNG bzw. im *Flußdiagramm* ähneln den im Abschn. 2.5 beschriebenen.

Es sind zwei *Beispiele* 3.4.1 und 3.4.2 angegeben.

Umrechnung Stern/Dreieck - Schaltung

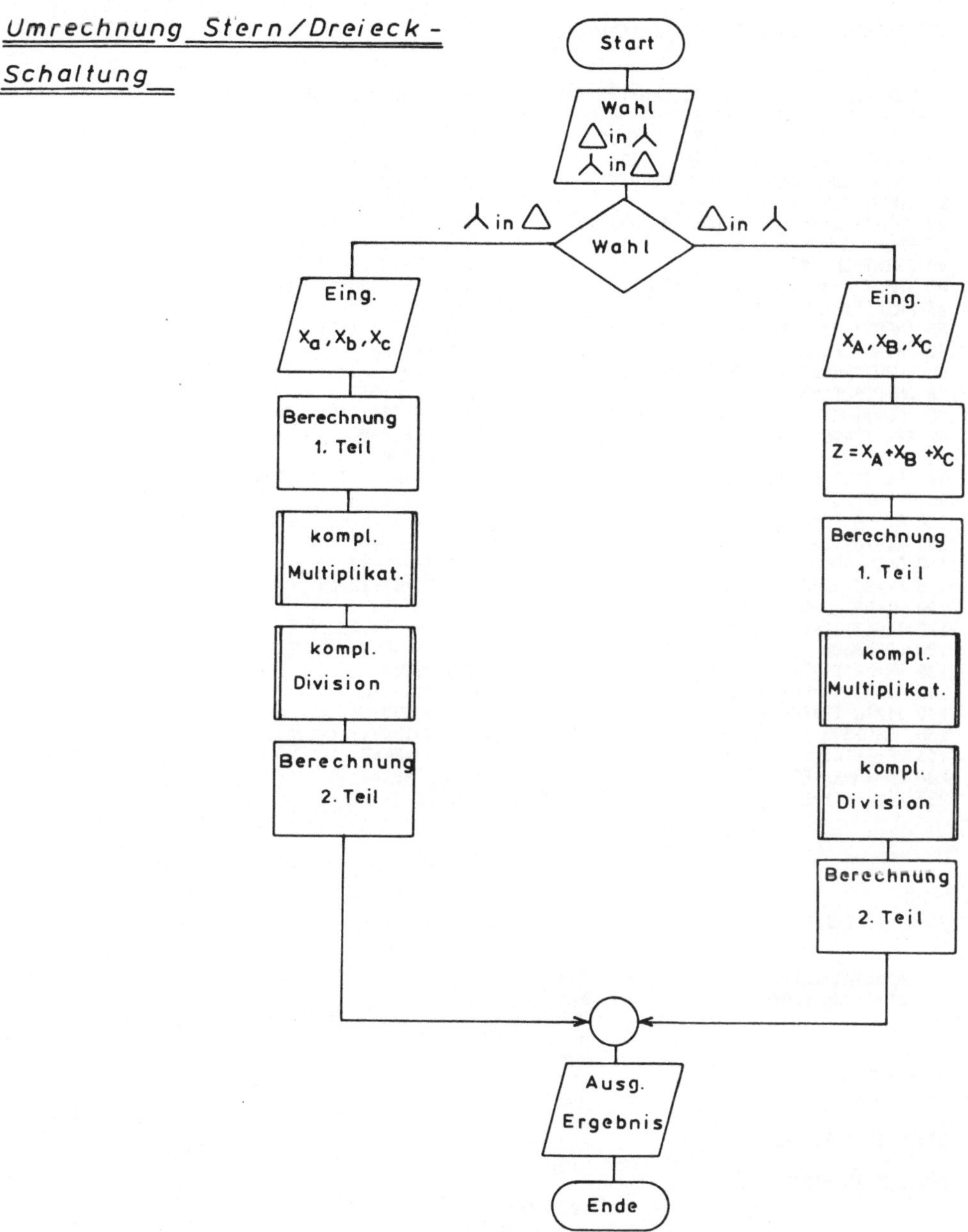

STERN-/DREIECKSCHALTUNG

```
1 PRINT"J":PRINTTAB(4)"STERN/DREIECK",SPC(4)"  SCHALTUNG  "
5 PRINT"BERECHNUNG:",""
10 PRINT"STERN IN DREIECK    [1]"
15 PRINT"DREIECK IN STERN    [2]"            210 R1=RB:R2=RC:I1=IB:I2=IC
20 PRINT"GEBEN SIE GEWUENSCHTE"             215 GOSUB270
25 INPUT"ZIFFER EIN!";W                      220 AR=ER:AI=EI
30 IFW=1THENPRINT"STERN:":GOTO40            225 R1=RA:R2=RC:I1=IA:I2=IC
35 PRINT"DREIECK:"                          230 GOSUB270
40 PRINT"X1:"                               235 BR=ER:BI=EI
45 INPUT"REAL";RA:INPUT"IMAG";IA            240 R1=RA:R2=RB:I1=IA:I2=IB
50 PRINT"X2:"                               245 GOSUB270
55 INPUT"REAL";RB:INPUT"IMAG";IB            250 CR=ER:CI=EI
60 PRINT"X3:"                               255 RETURN
65 INPUT"REAL";RC:INPUT"IMAG";IC            270 XR=R1:XI=I1:YR=R2:YI=I2
70 ONWGOSUB100,200                          275 GOSUB350
75 IFW=1THENPRINT"DREIECK:":GOTO85          280 XR=ER:XI=EI:YR=ZR:YI=ZI
80 PRINT"STERN"                             285 GOSUB400
85 PRINT"X1'=";AR;"+J";AI                    290 RETURN
90 PRINT"X2'=";BR;"+J";BI                    300 XR=R2::XI=I2:YR=R3:YI=I3
95 PRINT"X3'=";CR;"+J";CI:END                305 GOSUB350
100 R1=RA:R2=RB:R3=RC                        310 XR=ER:XI=EI:YR=R1:YI=I1
105 I1=IA:I2=IB:I3=IC                        315 GOSUB400
110 GOSUB300                                 320 ER=ER+R2+R3
115 AR=ER:AI=EI                              325 EI=EI+I2+I3
120 R1=RB:R2=RA:R3=RC                        330 RETURN
125 I1=IB:I2=IA:I3=IC                        350 ER=XR*YR-XI*YI
130 GOSUB300                                 355 EI=XR*YI+XI*YR
135 BR=ER:BI=EI                              360 RETURN
140 R1=RC:R2=RA:R3=RB                        400 YI=-YI
145 I1=IC:I2=IA:I3=IB                        405 GOSUB350
150 GOSUB300                                 410 Z=1/(YR↑2+YI↑2)
155 CR=ER:CI=EI:RETURN                       415 ER=ER*Z
200 ZR=RA+RB+RC                              420 EI=EI*Z
205 ZI=IA+IB+IC                              425 RETURN
```

Beispiel 3.4.1

```
                                        
                                        REAL? 2
                                        IMAG? 4

BERECHNUNG:                             REAL? 3
----------                              IMAG? 5

STERN IN DREIECK    [1]                 REAL? 4
                                        IMAG? 6
DREIECK IN STERN    [2]

                                        X1'= 12.8 +J 18.4
                                        X2'= 8.70588236 +J 14.8235294
GEBEN SIE GEWUENSCHTE                    X3'= 6.46153846 +J 12.3076923
ZIFFER EIN!? 1
```

Beispiel 3.4.2

```
                              REAL? 3
                              IMAG? 0

                              REAL? 4
BERECHNUNG:                   IMAG? 0

                              REAL? 5
STERN IN DREIECK    [1]       IMAG? 0

DREIECK IN STERN    [2]
                              X1'= 1.66666667 +J 0
                              X2'= 1.25 +J 0
                              X3'= 1 +J 0

GEBEN SIE GEWUENSCHTE
ZIFFER EIN!? 2
```

3.5 Einlagige Zylinderspule

In der HF-Technik sind Spulen immer noch nicht überall durch andere Bauelemente oder Schaltungstechniken ersetzbar. Deshalb bleibt dem Techniker auch weiterhin gelegentlich „Rechnerei" nicht erspart.

In diesem Abschnitt wird ein Programm vorgestellt, das die Induktivität einer einlagigen Zylinderspule (ohne Kern) bei gegebenen geometrischen Abmessungen berechnet. Sollte die Berechnung für eine Spule mit Kern gewünscht sein, so ist die relative Permeabilität in der entsprechenden Programmzeile zu ändern. Bei der Berechnung werden zwei Wege unterschieden: Die Berechnung für eine Spule mit sehr kleinem Abstand zwischen zwei Windungen, sowie für eine „gestreckte" Spule.

Verwendete Gleichungen (siehe auch Bild 3.3):

1. ungestreckte Wicklung

$$L = \frac{\pi \cdot \mu \cdot r_R^2 \cdot N^2}{b} \cdot k$$

wobei der Formfaktor k

für $10 r_R < b < 20 r_R$

$$k = 1 / \sqrt{1 + \left(\frac{2 r_R}{b}\right)^2}$$

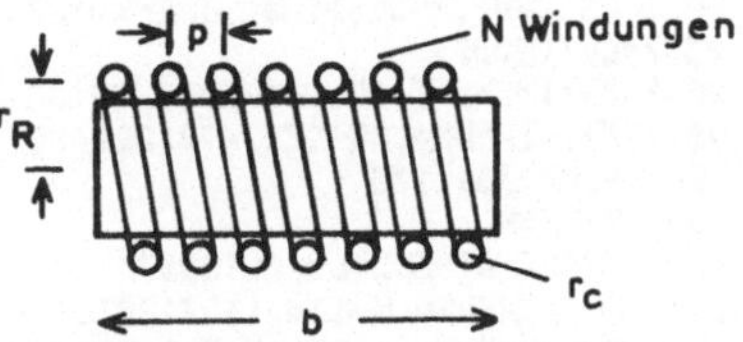

Bild 3.3 Bemaßung einer einlagigen Zylinderspule

sonst in den folgenden Tabellen gegeben ist:

$b/2r_R$	0	0,2	0,4	0,5	0,6	0,65
k	0	0,2	0,4	0,6	0,8	1

$2r_R/b$	1	0,8	0,6	0,4	0,2	0
k	0,69	0,75	0,8	0,9	1	1

2. gestreckte Wicklung

für $r_C \ll r_R$

$$L = L_0 - \mu \cdot r_R \cdot N \cdot \left(\frac{5}{4} - \ln \frac{p}{r_C} + H\right)$$

L_0 ist die Induktivität der ungestreckten Spule aus 1.

H ist als Wertetabelle gegeben:

N	1	2	5	10	50	∞
H	0	0,1137	0,218	0,2664	0,3182	0,3379

Zur Erläuterung der geometrischen Maße wird im Programmlauf vor Eingabe der Daten eine entsprechende Graphik angezeigt; die Hardcopy weist den in 3.3 beschriebenen Mangel auf (vgl. hierzu *Flußdiagramm* und *Programmliste* ZYLINDERSPULE).

ZYLINDERSPULE

```
1 PRINT"J";SPC(4)"ZYLINDERSPULE"
10 PRINTTAB(11)"⊢ ⊣"
15 PRINTTAB(4)" H   _ _ _"
20 PRINTTAB(5)"_ ///////_⌐"
25 PRINTTAB(4)"() ///////  |  DS"
30 PRINTTAB(5)"⁻/////////⌐⌐"
35 PRINTTAB(6)"⁻ ⁻ ⁻ ⁻"
40 PRINTTAB(5)" ⊢  LS  ⊣ "
45 INPUT"WINDG:";N
50 INPUT"DS[MM]";DS
55 INPUT"LS[MM]";LS
60 INPUT"DD[MM]";DD
65 INPUT"A [MM]";A
70 DS=DS*5E-4:LS=LS*1E-3:DD=DD*5E-4:A=A*1E-3
75 U0=1.25664E-6:LZ=(π*U0*DS↑2*N↑2)/LS
80 IFLS<20*DSANDLS>10*DSTHENK=1/SQR(1+(2*DS/LS)↑2):GOTO105
85 Z=LS/(2*DS)
90 IFZ>1THENK=0.975-(1/Z)*0.35:GOTO105
95 IFZ>.4THENK=.53+(Z-.4)*.222:GOTO105
100 K=.07+Z*1.175
105 L0=LZ*K
110 IFA<DD/2THENL=L0:GOTO300
115 IFN<2THENH=(N-1)*.1137:GOTO140
120 IFN<5THENH=.1137+(N-2)*.0348:GOTO140
125 IFN<10THENH=.218+(N-5)*9.68E-3:GOTO140
130 IFN<50THENH=.2664+(N-10)*1.295E-3:GOTO140
135 H=.33
140 ZZ=5/4-LOG(A/DD)+H
145 L=L0-U0*DS*N*ZZ
300 IFL<1E-6THENL=L*1E10:L$="[NH]":GOTO315
305 IFL<1E-3THENL=L*1E7:L$="[UH]":GOTO315
310 IFL<1THENL=L*1E4:L$="[MH]"
315 L=INT(L):L=L/10
320 PRINT"L=";L;L$:END
```

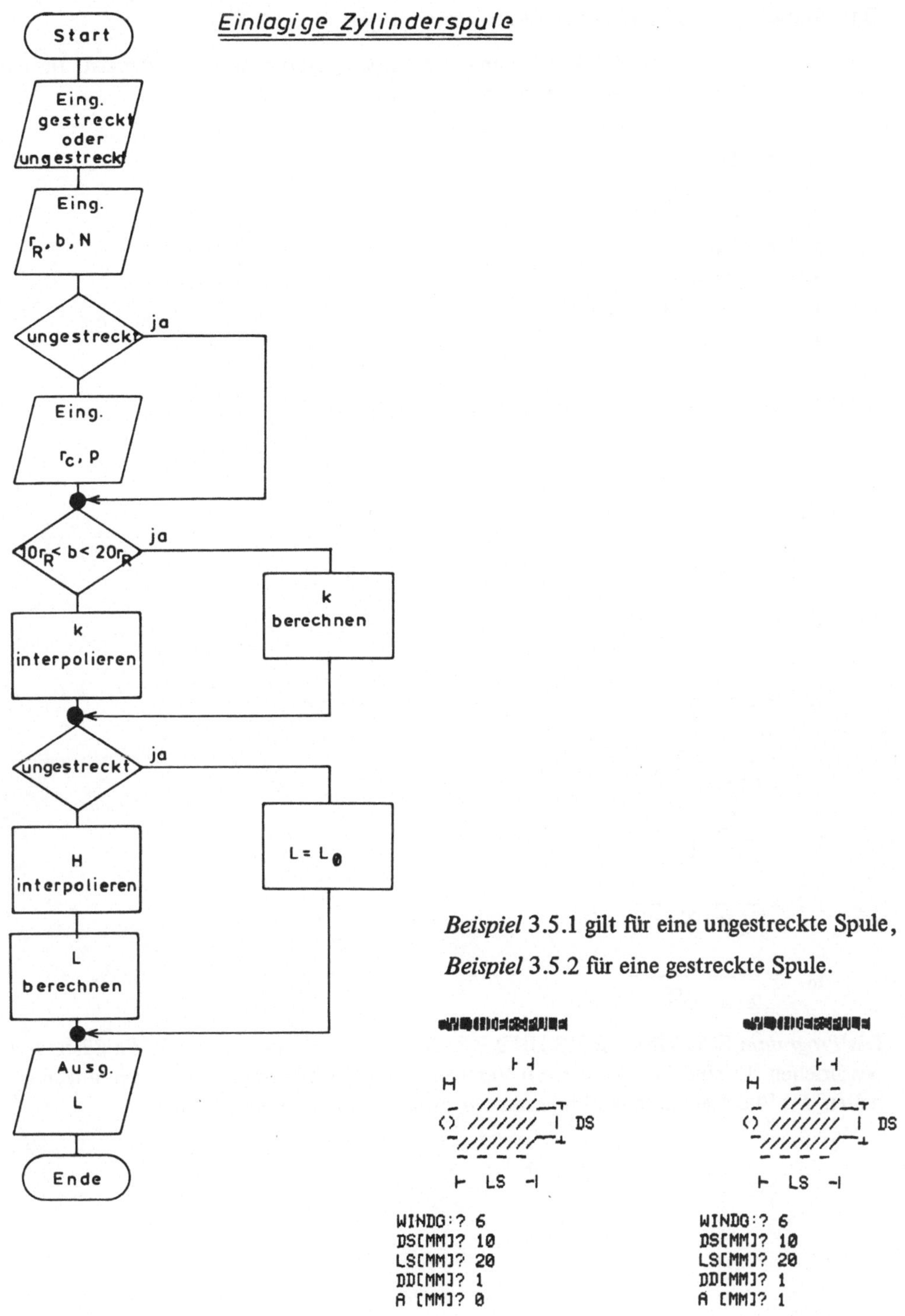

Beispiel 3.5.1 gilt für eine ungestreckte Spule,
Beispiel 3.5.2 für eine gestreckte Spule.

3.6 Schwingkreis- und Reaktanzberechnungen

Dieses Programm dient zur Berechnung von Schwingkreisen und Reaktanzen. Im einzelnen sind folgende Berechnungen möglich:

$$X_C = f(C, f)$$
$$X_L = f(L, f)$$
$$C = f(X_C, f)$$
$$C = f(L, f_0)$$
$$L = f(X_L, f)$$
$$L = f(C, f_0)$$
$$f = f(X_L, L)$$
$$f = f(X_C, C)$$
$$f_0 = f(C, L)$$

Bei den Berechnungen werden folgende Gleichungen benutzt:

$$X_C = \frac{1}{2 \cdot \pi \cdot f \cdot C}$$

$$X_L = 2 \cdot \pi \cdot f \cdot L$$

$$C = \frac{1}{2 \cdot \pi \cdot f \cdot X_C}$$

$$C = \frac{1}{(2 \cdot \pi \cdot f_0)^2 \cdot L}$$

$$L = \frac{X_L}{2 \cdot \pi \cdot f}$$

$$L = \frac{1}{(2 \cdot \pi \cdot f_0)^2 \cdot C}$$

$$f = \frac{X_L}{2 \cdot \pi \cdot L}$$

$$f = \frac{1}{2 \cdot \pi \cdot X_C \cdot C}$$

$$f_0 = \frac{1}{2 \cdot \pi \cdot \sqrt{L \cdot C}}$$

Das *Programm* SCHWINGKREIS UND REAKTANZ ist wieder durch ein *Flußdiagramm* beschrieben. Es sind insgesamt neun Verzweigungen zu den einzelnen Berechnungen enthalten. Im Flußdiagramm wird hier nur *ein* Zweig vereinfacht dargestellt.

SCHWINGKREIS UND REAKTANZ

```
1 PRINT"▮ ▮SCHWINGKREIS-  UND";SPC(4)"REAKTANZBERECHNUNG▮"
5 PRINTTAB(2)"▮XC=F(C,F)     [1]"
10 PRINTTAB(2)"▮XL=F(L,F)     [2]"
15 PRINTTAB(2)"▮C=F(XC,F)     [3]"
20 PRINTTAB(2)"▮C=F(L,F0)     [4]"
25 PRINTTAB(2)"▮L=F(XL,F)     [5]"
30 PRINTTAB(2)"▮L=F(C,F0)     [6]"
35 PRINTTAB(2)"▮F=F(XL,L)     [7]"
40 PRINTTAB(2)"▮F=F(XC,C)     [8]"
45 PRINTTAB(2)"▮F0=F(C,L)     [9]"
50 INPUT"▮WAHL:";W%
55 PRINTCHR$(147)
60 ONW%GOSUB100,200,300,400,500,600,700,800,900
65 PRINT"▮▮NEUE BERECHNUNG:"
70 INPUT"[J/N]";N$
75 IFN$="J"THEN55
80 END
100 INPUT"C=";C
105 INPUT"F=";F
110 AZ=1/(2*π*F*C)
115 PRINT"▮XC=";AZ
120 RETURN
200 INPUT"L=";L
205 INPUT"F=";F
210 AZ=2*π*F*L
215 PRINT"▮XL=";AZ
220 RETURN
300 INPUT"XC=";XC
305 INPUT"F =";F
310 AZ=1/(2*π*F*XC)
315 PRINT"▮C=";AZ
320 RETURN
400 INPUT"L =";L
405 INPUT"F0=";F0
410 AZ=1/((F0*2*π)↑2*L)
415 PRINT"▮C=";AZ
420 RETURN
500 INPUT"XL=";XL
505 INPUT"F =";F
510 AZ=XL/(2*π*F)
515 PRINT"▮L=";AZ
520 RETURN
600 INPUT"C =";C
605 INPUT"F0=";F0
610 AZ=1/((2*π*F0)↑2*C)
615 PRINT"▮L=";AZ
620 RETURN
700 INPUT"XL=";XL
705 INPUT"L =";L
710 AZ=XL/(2*π*L)
715 PRINT"▮F=";AZ
720 RETURN
800 INPUT"XC=";XC
805 INPUT"C =";C
810 AZ=1/(2*π*XC*C)
815 PRINT"▮F=";AZ
820 RETURN
900 INPUT"C=";C
905 INPUT"L=";L
910 AZ=1/(2*π*SQR(L*C))
915 PRINT"▮F0=";AZ
920 RETURN
```

Schwingkreis - und Reaktanzberechnung

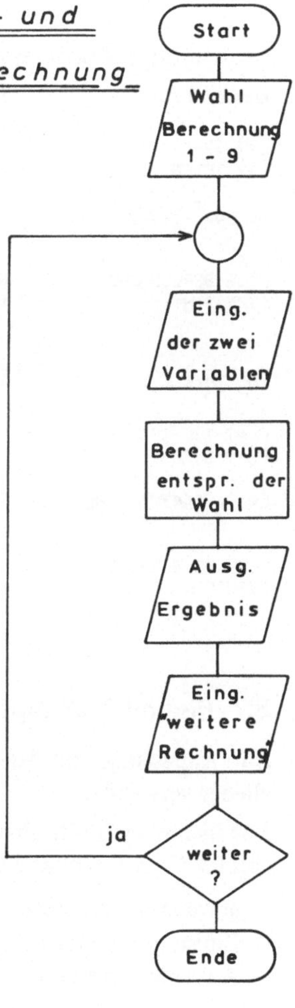

Beispiel 3.6.1:

```
█████████████████████        C=? 39E-12
█████████████████████        F=? 10E6

XC=F(C,F)      [1]           XC= 408.089598

XL=F(L,F)      [2]
                             NEUE BERECHNUNG:
C=F(XC,F)      [3]           [J/N]? N

C=F(L,F0)      [4]

L=F(XL,F)      [5]

L=F(C,F0)      [6]

F=F(XL,L)      [7]

F=F(XC,C)      [8]

F0=F(C,L)      [9]

WAHL:? 1
```

Bei den folgenden Beispielen wird auf die Darstellung des Menüs verzichtet.

Beispiel 3.6.2:	*Beispiel 3.6.3:*	*Beispiel 3.6.4:*	*Beispiel 3.6.5:*

```
L=? 1E-6          XC=? 500          L =? 2E-6         XL=? 500
F=? 100E6         F =? 27E6         F0=? 50E6         F =? 27E6

XL= 628.318531    C= 1.17892551E-11 C= 5.06605918E-12 L= 2.94731376E-06


NEUE BERECHNUNG:  NEUE BERECHNUNG:  NEUE BERECHNUNG:  NEUE BERECHNUNG:
[J/N]? N          [J/N]? N          [J/N]? N          [J/N]? N
```

Beispiel 3.6.6:	*Beispiel 3.6.7:*	*Beispiel 3.6.8:*	*Beispiel 3.6.9:*

```
C =? 10E-12       XL=? 500          XC=? 200          C=? 50E-12
F0=? 30E6         L =? 3E-6         C =? 150E-12      L=? 3.3E-6

L= 2.81447732E-06 F= 26525823.9     F= 5305164.77     F0= 12390195.5


NEUE BERECHNUNG:  NEUE BERECHNUNG:  NEUE BERECHNUNG:  NEUE BERECHNUNG:
[J/N]? N          [J/N]? N          [J/N]? N          [J/N]? N
```

3.7 Pi- und T-Dämpfungsglied

Zur Anpassung von Signalpegeln werden in der Nachrichtentechnik häufig Dämpfungsglieder verwendet.

Das hier vorgestellte Programm berechnet nach Wahl ein Pi- oder T-Widerstandsnetzwerk (Bild 3.4) entsprechend der Parameter:

— gewünschte Dämpfung in dB
— Eingangsimpedanz
— Ausgangsimpedanz.

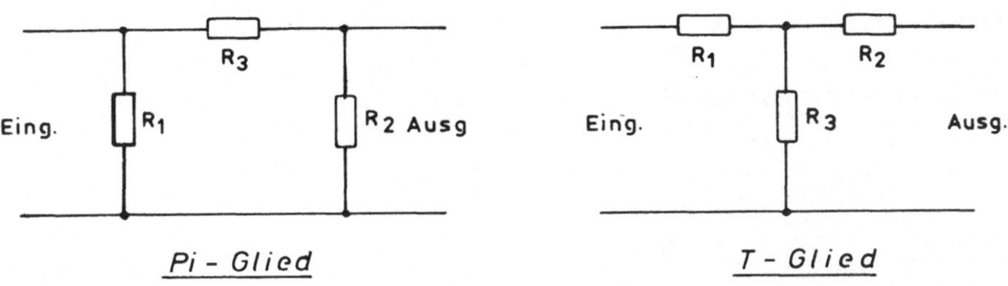

Bild 3.4 Pi- und T-Widerstandsnetzwerk

Bei der Ausgabe des Ergebnisses wird zur
Verdeutlichung der Benennung der Widerstände eine kleine Graphik angezeigt. Wegen
des automatischen Zeilenvorschubs des
Druckers ist der Ausdruck in der Vertikalen
nicht identisch mit der Bildschirmanzeige
(vgl. *Flußdiagramm* und *Programmliste*).

Pi - / T - Dämpfungsglied

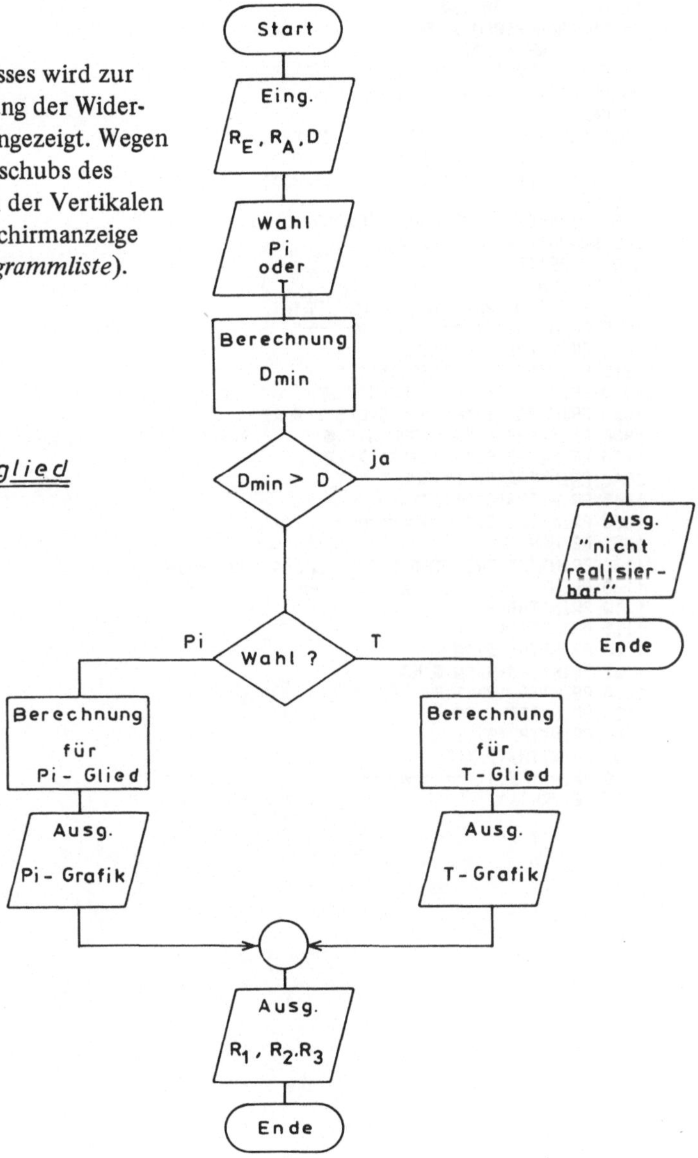

DAEMPFUNGSGLIED

```
1 PRINT"⌂ π-/T-DAEMPFUNGSGLIED ▮"
5 PRINT"⌂π-GLIED         [1]"
10 PRINT"⌂T-GLIED         [2]"
15 INPUT"⌂WAHL:";W%
20 PRINT"⌂EINGANGSWIDERSTAND"
25 INPUT"R-EIN[OHM]=";RE
30 PRINT"⌂AUSGANGSWIDERSTAND","(<=R-EIN)"
35 INPUT"R-AUS[OHM]=";RA
40 INPUT"⌂DAEMPFUNG[DB]=";D
50 DM=20*LOG(SQR(RE/RA)+SQR(RE/RA-1))/LOG(10)
55 IFDM>DTHENPRINT"⌂SCHALTUNG NICHT","REALISIERBAR▮":END
60 ONW%GOSUB100,200
65 ONW%GOSUB1000,1100
70 PRINT"⌂R1=";R1;"[OHM]"
75 PRINT"⌂R2=";R2;"[OHM]"
80 PRINT"⌂R3=";R3;"[OHM]"
85 END
100 Z=10↑(D/10):R3=SQR(RE*RA/Z)*(Z-1)/2
105 R2=1/((1/RA)*(Z+1)/(Z-1)-(1/R3))
110 R1=1/((1/RE)*(Z+1)/(Z-1)-(1/R3))
115 RETURN
200 Z=10↑(D/10):R3=SQR(Z*RE*RA)/(Z-1)*2
205 R2=RA*(Z+1)/(Z-1)-R3
210 R1=RE*(Z+1)/(Z-1)-R3
215 RETURN
1000 PRINT"⌂":PRINTTAB(8)"R3":PRINT
1005 PRINTTAB(3)"──●─▮   ▮─●──"
1010 PRINTTAB(6)"|";SPC(5)"|"
1015 PRINTTAB(6)"|";SPC(5)"|"
1020 PRINTTAB(6)"▮ ";SPC(5)" ▮"
1025 PRINTTAB(3)"R1 ▮ ";SPC(5)" ▮ R2"
1030 PRINTTAB(6)"▮ ";SPC(5)" ▮"
1035 PRINTTAB(6)"▮ ";SPC(5)" ▮"
1040 PRINTTAB(6)"|";SPC(5)"|"
1045 PRINTTAB(6)"|";SPC(5)"|"
1050 PRINTTAB(3)"──●─────●──"
1055 RETURN
1100 PRINT"⌂":PRINTTAB(5)"R1";SPC(4)"R2":PRINT
1105 PRINTTAB(4)"-▮   ▮-●-▮   ▮-"
1110 PRINTTAB(9)"|"
1115 PRINTTAB(9)"|"
1120 PRINTTAB(9)"▮ "
1125 PRINTTAB(9)"▮ ▮ R3"
1130 PRINTTAB(9)"▮ "
1135 PRINTTAB(9)"▮ "
1140 PRINTTAB(9)"|"
1145 PRINTTAB(9)"|"
1150 PRINTTAB(4)"───────●───────"
1155 RETURN
```

Beispiel 3.7.1:

```
π-GLIED          [1]

T-GLIED          [2]

WAHL:? 1

EINGANGSWIDERSTAND
R-EIN[OHM]=? 100

AUSGANGSWIDERSTAND
(<=R-EIN)
R-AUS[OHM]=? 80

DAEMPFUNG[DB]=? 10
```

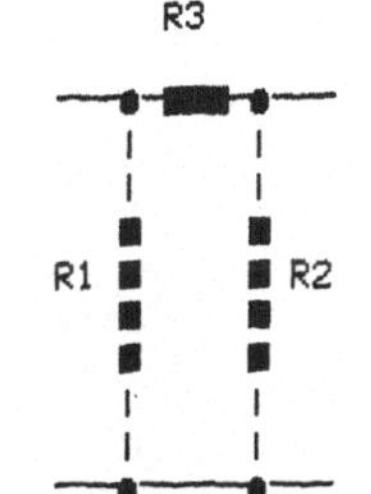

```
R1= 229.069874 [OHM]

R2= 134.752079 [OHM]

R3= 127.279221 [OHM]
```

Beispiel 3.7.2:

```
π-GLIED          [1]

T-GLIED          [2]

WAHL:? 2

EINGANGSWIDERSTAND
R-EIN[OHM]=? 100

AUSGANGSWIDERSTAND
(<=R-EIN)
R-AUS[OHM]=? 80

DAEMPFUNG[DB]=? 10
```

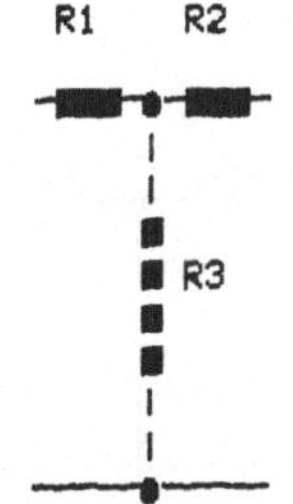

```
R1= 59.3682861 [OHM]

R2= 34.9238417 [OHM]

R3= 62.8539362 [OHM]
```

3.8 Passiver Tiefpaß

Zur Frequenzselektion werden häufig Kettenfilter verwendet. Man unterscheidet verschiedene Typen, deren Dämpfungsverlauf je nach Art des Polynoms, nach dem ihre Elemente berechnet wurden, unterschiedlich ist. Wir wollen uns im Rahmen dieses Buches auf die Tschebyscheff-Filter beschränken; sie zeichnen sich durch höhere Flankensteilheit aus, haben aber im Durchlaßbereich eine gewisse zu definierende Welligkeit.

Der typische Amplitudenverlauf eines durch einen Tschebyscheff-Tiefpaß begrenzten Signals ist in Bild 3.5 angegeben.

Ein solcher Tiefpaß hat ein prinzipielles Schaltbild nach Bild 3.6.

Beim Tiefpaß liegen die Induktivitäten grundsätzlich im Längszweig, die Kapazitäten in den Querzweigen. In unseren Berechnungen wird immer davon ausgegangen, daß Eingangs- und Ausgangsimpedanz gleich sind.

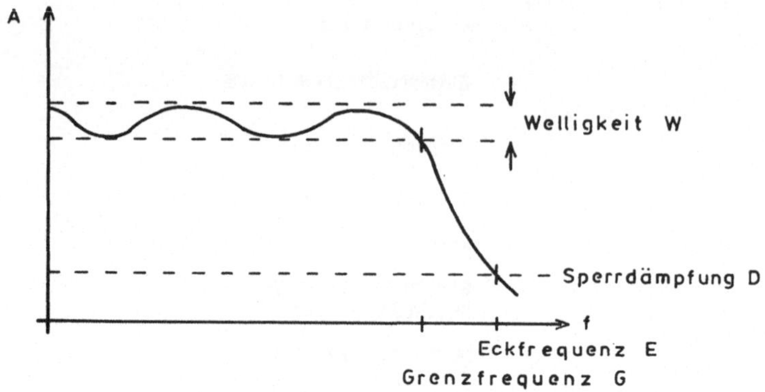

Bild 3.5 Amplitudenverlauf eines durch einen Tschebyscheff-Tiefpaß begrenzten Signals

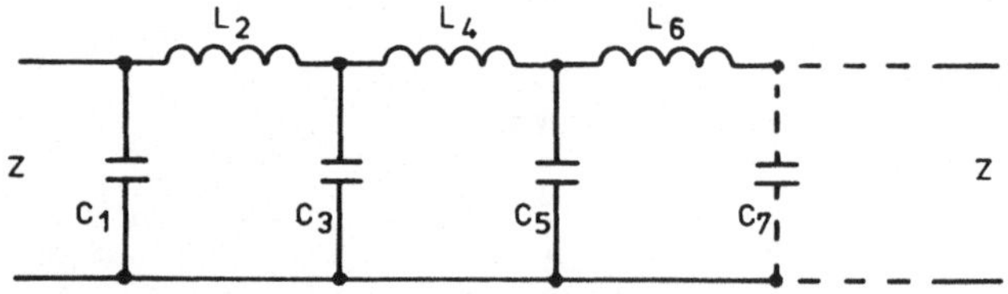

Bild 3.6 Prinzipschaltbild

Passiver Tiefpaß

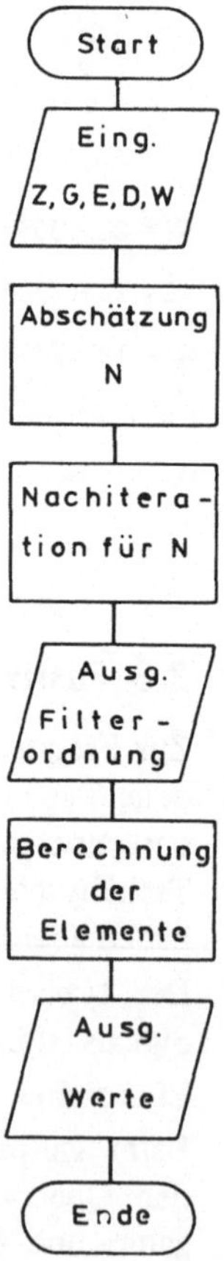

Das *Flußdiagramm* beschreibt das *Programm* PASSIVER TP.
Erwähnenswert ist die Subroutine 200, die nach Berechnung
der Komponentenwerte die Zuweisung der Dimensionsgrößen-
ordnung (Pico-, Milli-, usw.) vornimmt.

```
PASSIVER TP

1 PRINT"] ▯PASSIVER TIEFPASS▮"
5 PRINT"▮EING./AUSG.IMPEDANZ:":INPUTZ
10 PRINT"▮GRENZFREQUENZ:":INPUTG
15 PRINT"▮ECKFREQUENZ:":INPUTE
20 PRINT"▮SPERRDAEMPFUNG:":INPUTD
25 PRINT"▮WELLIGKEIT:":INPUTW
30 WG=G*2*π:WV=E*2*π/WG
35 A=4/(10↑(W/10)/10):A=A*(10↑(D/10)-1)-2
40 B=WV+SQR(WV↑2-1)
45 N=LOG(A)/LOG(B)
50 Z1=B↑N+(1/(B↑N))-A
55 Z2=B↑N-(1/(B↑N))
60 Z4=(Z1/Z2)/(LOG(B)*2)
65 N=N-Z4
70 IFABS(Z4)<1E-5THEN80
75 GOTO50
80 N=INT(N+1)
85 Q1=EXP((W/40)*LOG(10)*2)
90 Q2=(Q1-1)/(Q1+1)
95 Q3=(Q2-(1/Q2))↑2
100 X=π/(2*N)
105 L=SIN(X):M=2*L/SQR(Q3):P=SIN(2*X)↑2+Q3
115 PRINT"]FILTERORDNUNG:";INT((N+1)/2):PRINT
120 L1=L:M1=M:P1=P
125 FORLV=1TON
130 IFLV=1THEN140
135 M1=4*L/(P*M)
140 L=SIN((2*LV-1)*X)
145 P=SIN(LV*2*X)↑2+Q3
150 IFINT((LV+.01)/2)*2=LVTHEN165
155 V=M1/(Z*WG):E$="F":GOSUB200
160 PRINT"C";LV;V;:PRINTTAB(15)V$+E$:GOTO175
165 V=M1*Z/WG:E$="H":GOSUB200
170 PRINT"L";LV;V;:PRINTTAB(15)V$+E$
175 M=M1:NEXTLV
180 END
200 IFV<1E-9THENV=V*1E13:V=INT(V)/10:V$="P":RETURN
205 IFV<1E-6THENV=V*1E10:V=INT(V)/10:V$="N":RETURN
210 IFV<1E-3THENV=V*1E07:V=INT(V)/10:V$="U":RETURN
215 IFV<1THENV=V*1E04:V=INT(V)/10:V$="M":RETURN
220 V=V*10:V=INT(V)/10:V$="":RETURN
```

Beispiel 3.8.1:

```
▮▮▮▮▮▮▮▮▮▮▮▮▮▮▮

EING./AUSG.IMPEDANZ:
? 600

GRENZFREQUENZ:
? 3E3

ECKFREQUENZ:
? 5E3

SPERRDAEMPFUNG:
? 20

WELLIGKEIT:
? 3


FILTERORDNUNG: 4

C 1   6.9      NF
L 2   11.1     MH
C 3   19.1     NF
L 4   15.9     MH
C 5   21.2     NF
L 6   14.5     MH
C 7   14.9     NF
```

3.9 Passiver Hochpaß

Das Programm ist fast identisch mit dem zur Berechnung des Tiefpaßfilters im Abschn.
3.8. Da durch Frequenzachsentransformation eine Hochpaß- oder Bandpaßberechnung
immer auf die Berechnung eines normierten Tiefpaßfilters zurückzuführen ist, ist es lediglich notwendig, einige wenige Befehlszeilen des Programms 3.8 zu ändern.

Der Amplitudenverlauf ist in Bild 3.7 angegeben, das Prinzipschaltbild in Bild 3.8.

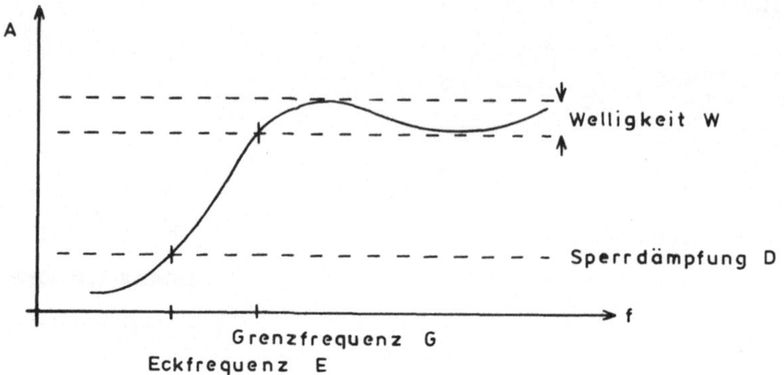

Bild 3.7 Amplitudenverlauf eines passiven Hochpasses

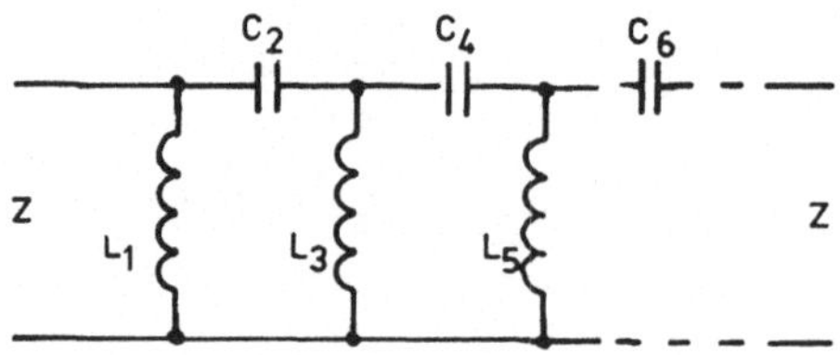

Bild 3.8

Prinzipschaltbild des passiven Hochpasses

Beispiel 3.9.1 zeigt eine Berechnung nach dem *Programm* PASSIVER HOCHPASS.

```
                                FILTERORDNUNG: 6

EING./AUSG. IMPEDANZ:           L  1    3.1       UH
? 50                            C  2   181.1      PF
                                L  3    1         UH
GRENZFREQUENZ:                  C  4   115.8      PF
? 50E6                          L  5   858.7      NH
                                C  6   102        PF
ECKFREQUENZ:                    L  7   823.9      NH
? 40E6                          C  8   105.9      PF
                                L  9   932.5      NH
SPERRDAEMPFUNG:                 C 10   134.8      PF
? 20                            L 11    1.4       UH

WELLIGKEIT:
? 3
```

PASSIVER HOCHPASS

```
1 PRINT"] PASSIVER HOCHPASS"
5 PRINT"EING./AUSG.IMPEDANZ:":INPUTZ
10 PRINT"GRENZFREQUENZ:":INPUTG
15 PRINT"ECKFREQUENZ:":INPUTE
20 PRINT"SPERRDAEMPFUNG:":INPUTD
25 PRINT"WELLIGKEIT:":INPUTW
30 WG=G*2*π:WV=WG/(E*2*π)
35 A=4/(10↑(W/10)/10):A=A*(10↑(D/10)-1)-2
40 B=WV+SQR(WV↑2-1)
45 N=LOG(A)/LOG(B)
50 Z1=B↑N+(1/(B↑N))-A
55 Z2=B↑N-(1/(B↑N))
60 Z4=(Z1/Z2)/(LOG(B)*2)
65 N=N-Z4
70 IFABS(Z4)<1E-5THEN80
75 GOTO50
80 N=INT(N+1)
85 Q1=EXP((W/40)*LOG(10)*2)
90 Q2=(Q1-1)/(Q1+1)
95 Q3=(Q2-(1/Q2))↑2
100 X=π/(2*N)
105 L=SIN(X):M=2*L/SQR(Q3):P=SIN(2*X)↑2+Q3
115 PRINT"FILTERORDNUNG:";INT((N+1)/2):PRINT
120 L1=L:M1=M:P1=P
125 FORLV=1TON
130 IFLV=1THEN140
135 M1=4*L/(P*M)
140 L=SIN((2*LV-1)*X)
145 P=SIN(LV*2*X)↑2+Q3
150 IFINT((LV+.01)/2)*2=LVTHEN165
155 V=Z/(WG*M1):E$="H":GOSUB200
160 PRINT"L";LV;V;:PRINTTAB(15)V$+E$:GOTO175
165 V=1/(WG*Z*M1):E$="F":GOSUB200
170 PRINT"C";LV;V;:PRINTTAB(15)V$+E$
175 M=M1:NEXTLV
180 END
200 IFV<1E-9THENV=V*1E13:V=INT(V)/10:V$="P":RETURN
205 IFV<1E-6THENV=V*1E10:V=INT(V)/10:V$="N":RETURN
210 IFV<1E-3THENV=V*1E07:V=INT(V)/10:V$="U":RETURN
215 IFV<1THENV=V*1E04:V=INT(V)/10:V$="M":RETURN
220 V=V*10:V=INT(V)/10:V$="":RETURN

READY.
```

3.10 Passiver Bandpaß

Auch dieses Programm zur Berechnung eines Tschebyscheff-Bandpaßfilters wurde auf das Programm im Abschn. 3.8 (Tiefpaß) zurückgeführt. Es ist mit diesem bis auf die Umrechnung der einzelnen Frequenzen identisch.

Der Amplitudenverlauf ist in Bild 3.9 dargestellt, das Prinzipschaltbild in Bild 3.10.

Im *Programm* werden die einzelnen Schwingkreise mit S_1, S_2, usw. für die Serienschwingkreise und mit P_1, P_2, usw. für die Parallelschwingkreise bezeichnet.

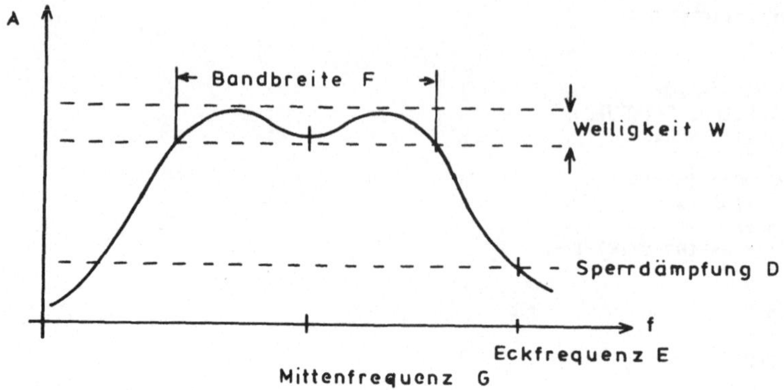

Bild 3.9 Amplitudenverlauf eines passiven Bandpasses

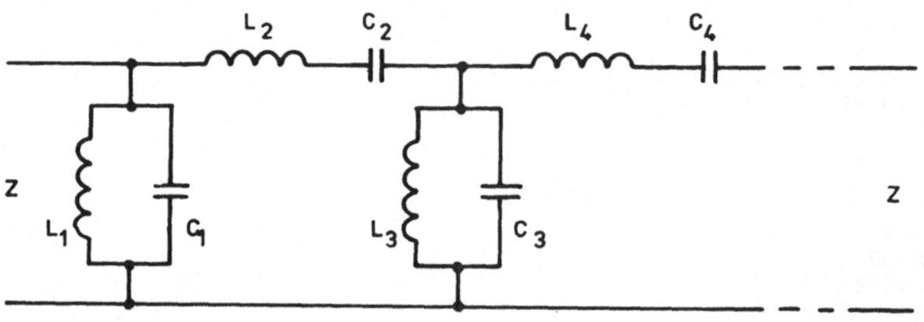

Bild 3.10 Prinzipschaltbild des passiven Bandpasses

Beispiel 3.10.1:

```
███████████████          FILTERORDNUNG: 2

EING./AUSG.IMPEDANZ:     P 1   105.7    PF
? 50                           11.3     NH
                         S 2   1.7      PF
                               687.9    NH
MITTENFREQUENZ:          P 3   254.2    PF
? 145E6                        4.7      NH
                         S 4   1.7      PF
BANDBREITE:                    690.5    NH
? 2E6

ECKFREQUENZ:
? 150E6

SPERRDAEMPFUNG:
? 20

WELLIGKEIT:
? 1.5
```

PASSIVER BANDPASS

```
1 PRINT"] PASSIVER BANDPASS"
5 PRINT"EING./AUSG.IMPEDANZ:":INPUTZ
10 PRINT"MITTENFREQUENZ:":INPUTG
12 PRINT"BANDBREITE:":INPUTDF
15 PRINT"ECKFREQUENZ:":INPUTE
20 PRINT"SPERRDAEMPFUNG:":INPUTD
25 PRINT"WELLIGKEIT:":INPUTW
30 WG=G*2*π:WV=((E*2*π)↑2-WG↑2)/(DF*E*(2*π)↑2)
35 A=4/(10↑(W/10)/10):A=A*(10↑(D/10)-1)-2
40 B=WV+SQR(WV↑2-1)
45 N=LOG(A)/LOG(B)
50 Z1=B↑N+(1/(B↑N))-A
55 Z2=B↑N-(1/(B↑N))
60 Z4=(Z1/Z2)/(LOG(B)*2)
65 N=N-Z4
70 IFABS(Z4)<1E-5THEN80
75 GOTO50
80 N=INT(N+1)
85 Q1=EXP((W/40)*LOG(10)*2)
90 Q2=(Q1-1)/(Q1+1)
95 Q3=(Q2-(1/Q2))↑2
100 X=π/(2*N)
105 L=SIN(X):M=2*L/SQR(Q3):P=SIN(2*X)↑2+Q3
115 PRINT"FILTERORDNUNG:";INT((N+1)/2):PRINT
120 L1=L:M1=M:P1=P
125 FORLV=1TON
130 IFLV=1THEN140
135 M1=4*L/(P*M)
140 L=SIN((2*LV-1)*X)
145 P=SIN(LV*2*X)↑2+Q3
150 IFINT((LV+.1)/2)*2=LVTHEN165
155 V=M1/(Z*DF*2*π):E$="F":GOSUB200
160 PRINT"P";LV;V;:PRINTTAB(15)V$+E$
161 V=2*π*DF*Z/(WG↑2*M1):E$="H":GOSUB200
162 PRINTTAB(4)V;:PRINTTAB(15)V$+E$:GOTO175
165 V=2*π*DF/(WG↑2*Z*M1):E$="F":GOSUB200
170 PRINT"S";LV;V;:PRINTTAB(15)V$+E$
171 V=Z*M1/(2*π*DF):E$="H":GOSUB200
172 PRINTTAB(4)V;:PRINTTAB(15)V$+E$
175 M=M1:NEXTLV
180 END
200 IFV<1E-9THENV=V*1E13:V=INT(V)/10:V$="P":RETURN
205 IFV<1E-6THENV=V*1E10:V=INT(V)/10:V$="N":RETURN
210 IFV<1E-3THENV=V*1E07:V=INT(V)/10:V$="U":RETURN
215 IFV<1THENV=V*1E04:V=INT(V)/10:V$="M":RETURN
220 V=V*10:V=INT(V)/10:V$="":RETURN
```

3.11 Aktive Filter

In der NF-Technik haben aktive Filter längst ihren festen Platz als Mittel zur Frequenzselektion gefunden.

In dem hier beschriebenen Programm werden drei Standardschaltungen für *Tiefpaß*, *Hochpaß* und *Bandpaß* berechnet. Der Tiefpaß und der Hochpaß haben eine Butterworth-Charakteristik; zur Berechnung muß der Anwender Grenzfrequenz, Verstärkung und den Wert eines Kondensators festlegen. Beim Bandpaßfilter ist die Mittenfrequenz, die Bandbreite, die Verstärkung und ein Kondensatorwert zu wählen.

Es werden folgende Schaltungen und Gleichungen verwendet:

a) Tiefpaß (Bild 3.11)

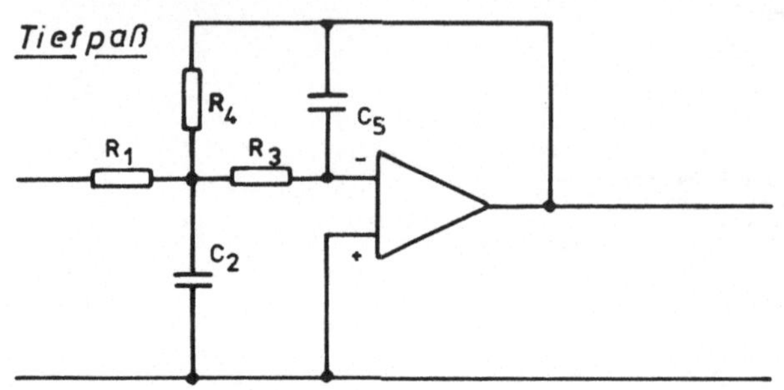

Bild 3.11
Aktiver Tiefpaß

C_5 wird gewählt

$$C_2 = \frac{4 \cdot C_5 \cdot (V+1)}{2} \qquad\qquad R_3 = \frac{V \cdot R_1}{V+1}$$

$$R_1 = \frac{1{,}41}{4 \cdot \pi \cdot f \cdot C_5} \qquad\qquad R_4 = V \cdot R_1$$

wobei: V = Verstärkung
         f = Grenzfrequenz

b) Hochpaß (Bild 3.12)

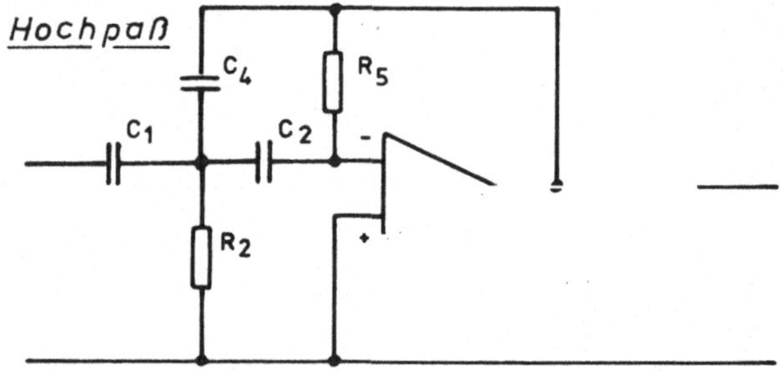

$C_1 = C_2$ wird gewählt

$$R_2 = \frac{1{,}41}{2 \cdot \pi \cdot f \cdot C_1 \cdot (2 + \frac{1}{V})}$$

$$R_5 = \frac{2 \cdot V + 1}{1{,}41 \cdot 2 \cdot \pi \cdot f \cdot C_1}$$

$$C_4 = C_1 / V$$

Bild 3.12 Aktiver Hochpaß

c) Bandpaß (Bild 3.13).

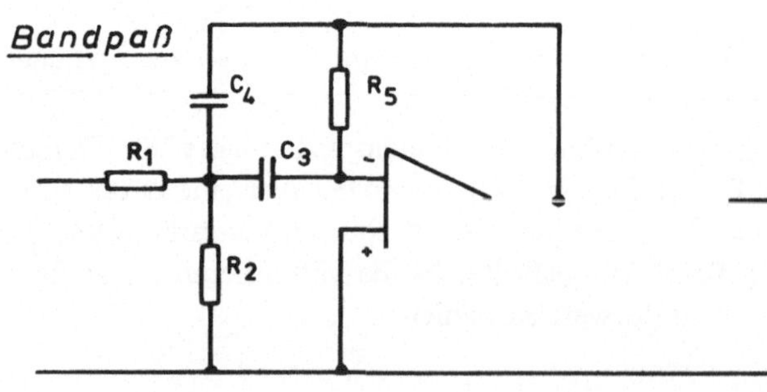

Bild 3.13
Aktiver Bandpaß

$C_3 = C_4$ wird gewählt

$$R_1 = \frac{1}{V \cdot 2 \cdot \pi \cdot f_0 \cdot C_3 \cdot \dfrac{b}{f_0}}$$

$$R_2 = \frac{1}{\left(\dfrac{2 \cdot f_0^2}{b^2} - V\right) \cdot 2 \cdot \pi \cdot f_0 \cdot C_3 \cdot \dfrac{b}{f_0}}$$

$$R_5 = \frac{2}{2 \cdot \pi \cdot f_0 \cdot \dfrac{b}{f_0}}$$

b = Bandbreite

f_0 = Mittenfrequenz

Flußdiagramm und *Programmliste* AKTIVE FILTER sind angegeben.

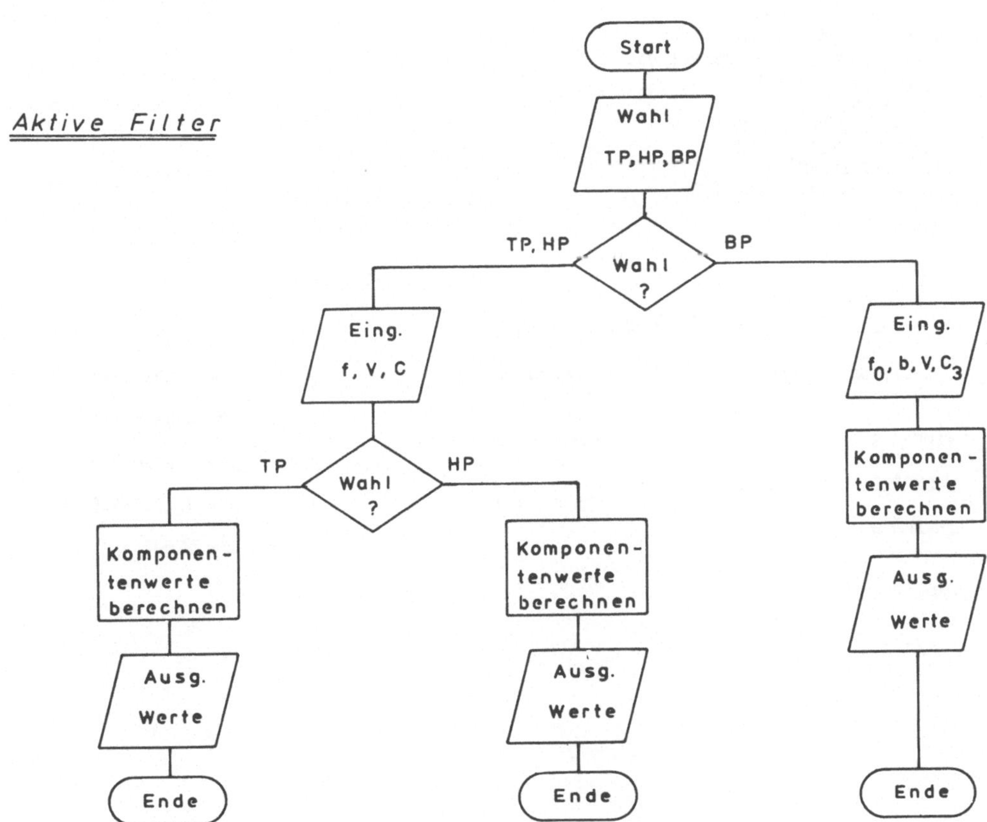

AKTIVE FILTER

```
1 POKE36879,127:PRINTCHR$(147):PRINTTAB(4)"AKTIVE FILTER   "
5 PRINT"TIEFPASS";SPC(11)"[1]"
10 PRINT"HOCHPASS";SPC(11);"[2]"
15 PRINT"BANDPASS";SPC(11);"[3]"
20 INPUT"WAHL:";W
25 IFW=3THENPRINT"MITTENFREQUENZ:":GOTO35
30 PRINT"GRENZFREQUENZ:"
35 INPUTF0
40 PRINT"VERSTAERKUNG:":INPUTV
45 ONWGOTO50,55,60
50 INPUT"C5=";C:K=1.414:GOTO100
55 INPUT"C1=C2=";C:K=1.414:GOTO150
60 INPUT"BANDBREITE:";BB:K=BB/F0:INPUT"C3=C4=";C
65 Z=2*π*F0*C*K:R1=1/(V*Z)
70 R2=1/((2/K↑2-V)*Z)
75 R5=2/Z
80 PRINT"R1=     ";R1
85 PRINT"R2=     ";R2
90 PRINT"R5=     ";R5
95 PRINT"C3=C4=";C:END
100 C2=(4*C*(V+1))/K↑2
105 R1=K/(4*V*π*F0*C)
110 R3=V*R1/(V+1)
115 R4=V*R1
120 PRINT"R1=";R1
125 PRINT"R3=";R3
130 PRINT"R4=";R4
135 PRINT"C2=";C2
140 PRINT"C5=";C:END
150 Z=2*π*F0*C:R2=K/(Z*(2+1/V))
155 R5=(2*V+1)/(K*Z)
160 C4=C/V
165 PRINT"R2=     ";R2
170 PRINT"R5=     ";R5
175 PRINT"C1=C2=";C
180 PRINT"C4=     ";C4:END

READY.
```

Beispiel 3.11.1 für eine Tiefpaßberechnung:

```
   AKTIVE FILTER              GRENZFREQUENZ:          R1= 4.50090179
                              ? 2.5E3
                                                      R3= 4.28657314
TIEFPASS          [1]
                              VERSTAERKUNG:           R4= 90.0180359
HOCHPASS          [2]         ? 20
                                                      C2= 2.10063439E-05
                              C5=? .5E-6
BANDPASS          [3]
                                                      C5= 5E-07

WAHL:? 1
```

Beispiel 3.11.2 für eine Hochpaßberechnung:

```
   AKTIVE FILTER


TIEFPASS           [1]             GRENZFREQUENZ:        R2=    760.030698
                                   ? 3E3
HOCHPASS           [2]                                   R5=    16763.7395
                                   VERSTAERKUNG:
BANDPASS           [3]             ? 10                  C1=C2= 4.7E-08

                                   C1=C2=? 47E-9         C4=     4.7E-09
WAHL:? 2
```

Beispiel 3.11.3 für eine Bandpaßberechnung:

```
   AKTIVE FILTER


TIEFPASS           [1]             MITTENFREQUENZ:       R1=    452.144725
                                   ? 100
HOCHPASS           [2]                                   R2=    30.9158786
                                   VERSTAERKUNG:
BANDPASS           [3]             ? 20                  R5=    18085.789

                                   BANDBREITE:? 8        C3=C4= 2.2E-06
WAHL:? 3
                                   C3=C4=? 2.2E-6
```

3.12 Phase-Locked-Loop

In vielen Anwendungen wird heute die Aufbereitung von HF-Signalen variabler Frequenz nach dem *Synthesizer-Prinzip* vorgenommen. Das Herz eines solchen Synthesizers ist eine Phase-Locked-Loop (Bild 3.14).

Während man beim Entwurf einer PLL beim Phasendetektor, beim Teiler und auch beim VCO in der Regel auf integrierte Schaltungen zurückgreifen kann (ihre für die Regelung relevanten Daten sind vorgegeben), ist das Filter den Erfordernissen entsprechend zu dimensionieren.

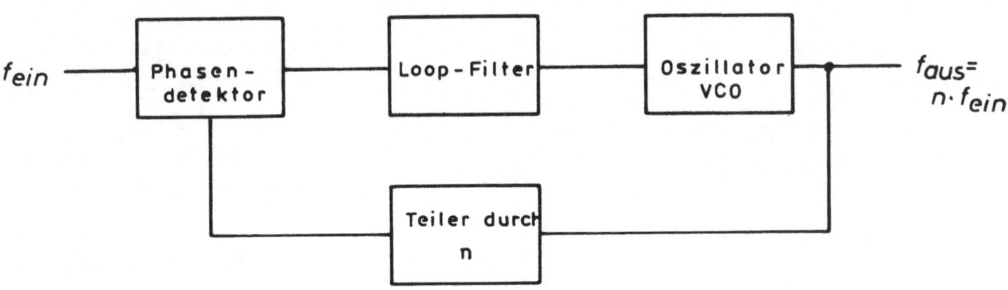

Bild 3.14 Prinzip der Phase-Locked-Loop

Das Loop-Filter hat zwei Hauptaufgaben: Es hält Rauschen und HF-Anteile von der Regelspannung des VCO und damit vom Ausgangssignal fern. Ferner bestimmt es maßgeblich die dynamischen Eigenschaften der PLL, z. B. Fangbereich, Haltebereich, die Bandbreite und auch die Sprungantwort des Gesamtsystems auf Frequenzänderungen.

Auf eine detaillierte mathematische Ableitung des regelungstechnischen Verhaltens des PLL-Kreises und des Filters soll in diesem Rahmen verzichtet werden. Es werden vielmehr nur die Gleichungen vorgestellt, nach denen das Programm die Filter dimensioniert. Es stehen zwei gebräuchliche Filter zur Wahl (Bild 3.15).

Bild 3.16 zeigt Beispiele für Sprungantworten.

Es werden folgende Bezeichnungen vereinbart:

$$k_p = \text{Verstärkung des Phasendetektors in Volt/Radian}$$
$$k_V = \text{Verstärkung des VCO in Volt/Radian/Sekunde}$$
$$G = k_p \cdot k_V \text{ (Schleifenverstärkung)}$$
$$\omega_n = \text{natürliche Winkelfrequenz in Radian/Volt}$$
$$N = \text{Teilerfaktor der Teilerkette}$$
$$\delta = \text{Dämpfung (dimensionslos).}$$

Für die Dimensionierung werden folgende Gleichungen verwendet:

a) passives Filter

$$R_1 = \frac{G/\omega_n^2 - 2\delta/\omega_n + 1/G}{C}$$

$$R_2 = \frac{2 \cdot \delta}{\omega_n \cdot C} - \frac{1}{G \cdot C}$$

$$\omega_n = \sqrt{\frac{G}{C \cdot (R_1 + R_2)}} \qquad *)$$

$$\delta = \frac{(\frac{1}{G} + R_2 \cdot C) \cdot \sqrt{\frac{G}{C \cdot (R_1 + R_2)}}}{2} \qquad *)$$

$$*) \text{ für } 0 >= \frac{\omega_n}{G} \cdot (2 \cdot \delta - \frac{\omega_n}{G}) >= 1$$

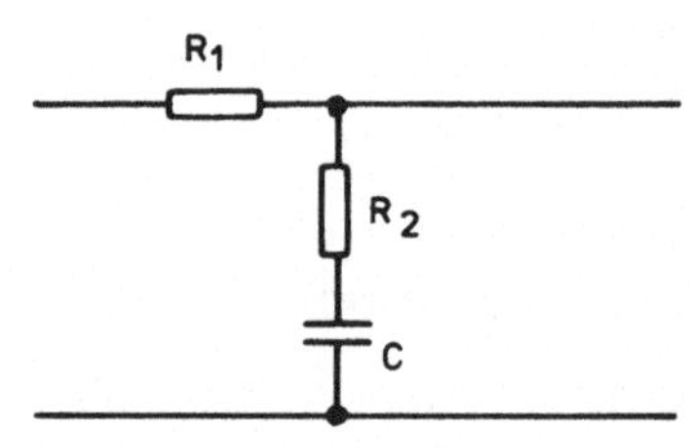

b) aktive Filter

$$R_1 = \frac{G}{\omega_n^2 \cdot C \cdot N}$$

$$R_2 = \frac{2 \cdot \delta}{\omega_n \cdot C}$$

$$\omega_n = \sqrt{\frac{G}{N \cdot R_1 \cdot C}}$$

$$\delta = C \cdot R_2 \cdot \frac{\omega_n}{2}$$

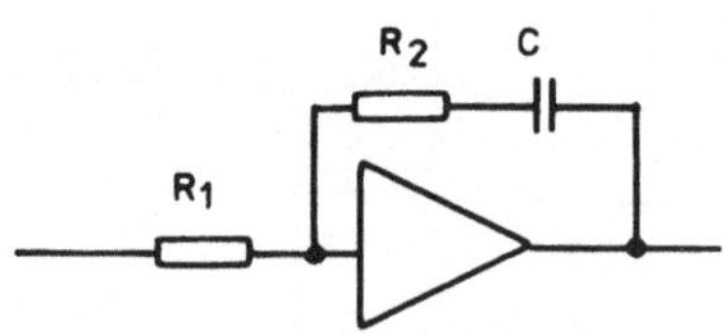

Bild 3.15 PLL-Filterschaltungen

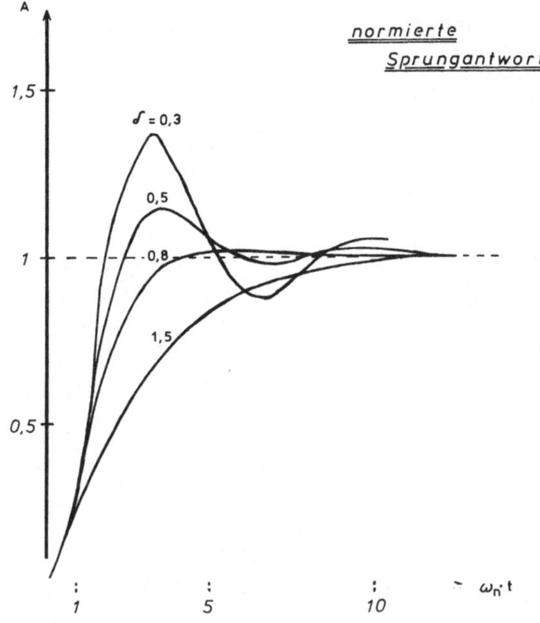

Im Programmablauf hat der Anwender zunächst zu wählen, ob ein aktives oder ein passives Filter berechnet werden soll. In der Berechnung für ein aktives Filter wird eine Teilerkette berücksichtigt, für ein passives jedoch nicht. Anschließend ist die Schleifenverstärkung G und ein Wert für den Kondensator C einzugeben, sowie gegebenenfalls das Teilerverhältnis N. Zuletzt ist zu wählen, ob ω_n und δ eingegeben werden und R_1 und R_2 berechnet werden sollen, oder umgekehrt. Natürlich sind die zugehörigen Werte ebenfalls einzugeben.

Flußdiagramm und *Programm* PLL sind die Grundlage für *Beispiel* 3.12.1 (aktives Filter) und *Beispiel* 3.12.2 (passives Filter).

PLL

Start
Wahl
akt. od. pas
Filter
Wahl: Eing.
R_1 und R_2
oder
ω_n und δ
Eing.
G , C
ω_n und δ
Wahl
?
R_1 und R_2
Eing
R_1, R_2
Eing.
ω_n, δ
aktiv.
Filter
?
ja
Eing.
N
pass. F.
Wahl
?
akt. F.
Wahl
?
Wahl
?
R_1, R_2
berechnen
ω_n, δ
berechnen
R_1, R_2
berechnen
ω_n, δ
berechnen
Ausg.
G, C, R_1, R_2
ω_n, δ, N
Ende

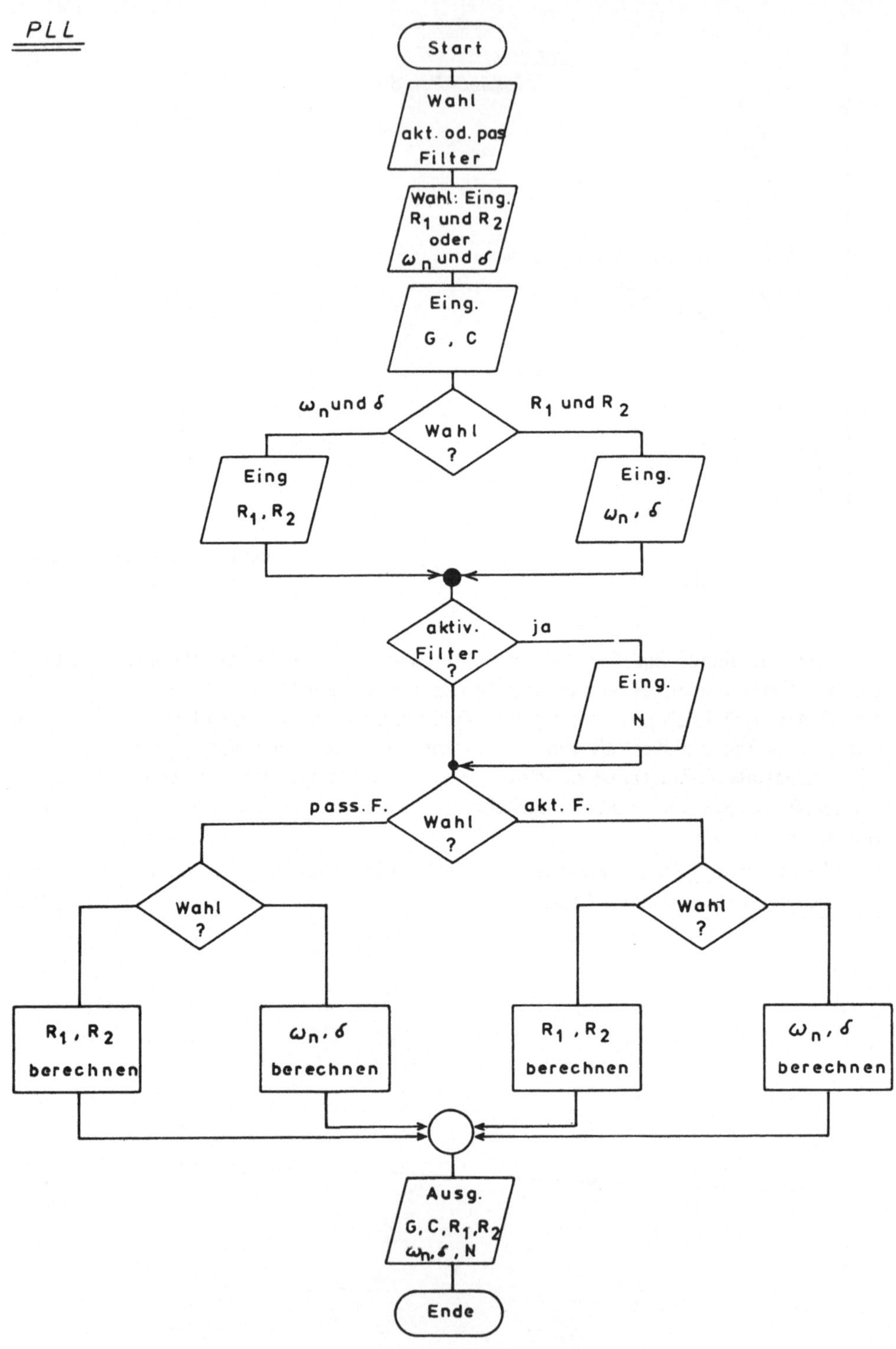

PLL

```
1 POKE36879,127:PRINT"█  PHASE LOCKED LOOP█","  ================█"
5 PRINT"PLL-FILTER:","█PASSIV   [0]":PRINT"█AKTIV    [1]":INPUT"█WAHL:";F
10 PRINT"█WELCHE DATEN SOLLEN","VORGEGEBEN WERDEN:"
15 PRINT"█WN UND DF    [0]","█R1 UND R2   [1]"
20 INPUT"█WAHL:";D
25 INPUT"█LOOP GAIN=";G
30 INPUT"█FILTER-C =";C
35 IFD=0THENINPUT"█WN= ";WN:INPUT"█DF= ";PH
40 IFD=1THENINPUT"█R1 =";R1:INPUT"█R2 =";R2
45 IFF=1THENINPUT"█TEILFAKTOR";N
50 IFF=0ANDD=0THENGOSUB100
55 IFF=0ANDD=1THENGOSUB200
60 IFF=1ANDD=0THENGOSUB300
65 IFF=1ANDD=1THENGOSUB400
75 PRINT"█LOOP GAIN=",G,"█FILTER-C= ",C
80 PRINT"█WN= ",WN:PRINT"█DF= ",PH:PRINT"█R1=",R1:PRINT"█R2=",R2
85 IFF=1THENPRINT"█TEILFAKTOR=";N
90 END
100 R1=(G/WN↑2-2*9/WN+1/G)/C
105 R2=2*PH/(WN*C)-1/(G*C)
110 RETURN
200 WN=SQR(G/(C*(R1+R2)))
205 PH=(R2*C+1/G)*SQR(G/(C*(R1+R2)))/2
210 P=(2*PH-WN/G)*WN/G
215 IFP<1ANDP>0THENRETURN
220 PRINT"█FALSCHE WERTE FUER":PRINT"R1 UND R2 GEWAEHLT!"
225 FORQQ=0TO2000:NEXTQQ
300 R1=G/(WN↑2*C*N)
305 R2=2*PH/(WN*C)
310 RETURN
400 WN=SQR(G/(N*R1*C))
405 PH=(WN/2)*C*R2
410 RETURN
```

Beispiel 3.12.1

```
   PHASE LOCKED LOOP
   =================

PLL-FILTER:              LOOP GAIN=? 20000        LOOP GAIN=  20000

PASSIV   [0]                                      FILTER-C=   1E-05
                        FILTER-C =? 1E-5
AKTIV    [1]                                      WN=         20

WAHL:? 1                WN= ? 20                   DF=         .7

                                                  R1=         5000

WELCHE DATEN SOLLEN     DF= ? .7                   R2=         7000
VORGEGEBEN WERDEN:
                                                  TEILFAKTOR= 1000
WN UND DF   [0]         TEILFAKTOR? 1000

R1 UND R2   [1]

WAHL:? 0
```

Beispiel 3.12.2

```
PHASE LOCKED LOOP
===================
```

```
PLL-FILTER:              LOOP GAIN=? 30000        LOOP GAIN=   30000

PASSIV   [0]                                      FILTER-C=    6.3E-05
                         FILTER-C =? 6.3E-5
AKTIV    [1]                                      WN=          239.525252

WAHL:? 0                 R1 =? 2.7E3
                                                  DF=          42.2562466

WELCHE DATEN SOLLEN      R2 =? 5.6E3
VORGEGEBEN WERDEN:                                R1=          2700

WN UND DF     [0]                                 R2=          5600

R1 UND R2     [1]

WAHL:? 1
```

3.13 HF-Leitung

Die Gleichungen der HF-Leitungstechnik beinhalten recht viele Rechnungen mit komplexen Zahlen. Zur Vereinfachung wenden Praktiker häufig graphische Verfahren an, wie z. B. das Smith-Diagramm. Dazu sind aber wiederum Übung sowie spezielle Diagrammvordrucke notwendig.

Aus diesen Gründen ist die Computeranwendung für gewisse, häufig vorkommende Berechnungen recht nützlich. Das hier vorgestellte Programm löst sechs solcher Standardaufgaben.

Wir wollen zunächst folgende Formelzeichen vereinbaren:

$$
\begin{aligned}
Y &= \text{Leitwert} \\
Z &= \text{Impedanz} \\
Z_0 &= \text{Impedanz der Leitung} \\
P &= \text{Reflektionsfaktor} \\
a &= \text{Dämpfung der Leitung} \\
X_{min} &= \text{Entfernung vom ersten Spannungsminimum} \\
SWR &= \text{Stehwellenverhältnis.}
\end{aligned}
$$

Das Programm sieht folgende Berechnungen vor:

— Umwandlung Impedanz in Leitwert und umgekehrt

$$Y = \frac{1}{Z}$$

— Berechnung des Stehwellenverhältnisses VSWR

$$VSWR = \frac{1 + |P|}{1 - |P|}$$

— Berechnung des ersten Spannungsminimums

$$X_{min} = \frac{1}{4\pi} \cdot \left(\arctan \frac{\text{Imag}(P)}{\text{Realt}(P)} - \pi \right)$$

— Berechnung des Lastwiderstandes

$$|P_L| = \frac{SWR - 1}{SWR + 1}$$

$$\sphericalangle P_L = \pi + 4 \cdot \pi \cdot x_{min}$$

$$Z_L = Z_0 \cdot \left(\frac{1 + P_L}{1 - P_L} \right)$$

— Berechnung des Reflektionsfaktors am Ende der Leitung

$$P_L = \frac{Z_L/Z_0 - 1}{Z_L/Z_0 + 1}$$

— Berechnung des Reflektionsfaktors und der Impedanz an der Stelle x

$$|P_x| = |P_L| \cdot (10^{-0,1 \cdot a})^x$$

$$\sphericalangle P_x = \sphericalangle P_L - 4 \cdot \pi \cdot x$$

$$Z_x = Z_0 \cdot \frac{1 + P_x}{1 - P_x}$$

Das *Flußdiagramm* für das *Programm*
HF-LEITUNG enthält zur Vereinfachung nur *einen* typischen Rechenweg anstelle der sechs Berechnungs-
zweige.

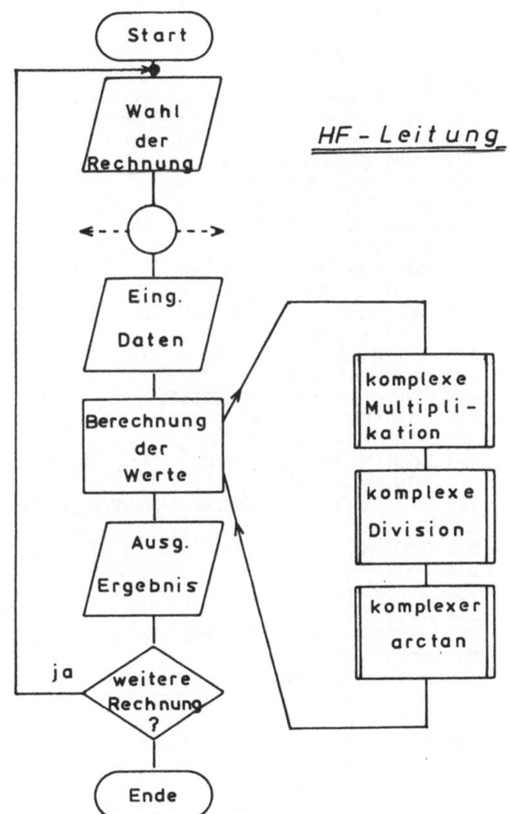

HF-LEITUNG

```
1 PRINT"⊐  HF-LEITUNGSTECHNIK":PRINT"  ⬛⬛⬛⬛⬛⬛⬛⬛⬛⬛⬛⬛⬛⬛⬛⬛"
5 PRINT"⬛⬛Y=F(Z);Z=F(Y).......1"
10 PRINT"⬛SWR=F(P)............2"
15 PRINT"⬛X-MIN=F(P)..........3"
20 PRINT"⬛ZL=F(SWR,X-MIN,Z0)..4"
25 PRINT"⬛PL=F(ZL,Z0).........5"
30 PRINT"⬛P(X),Z(X)=",," F(PL,Z0,A,X).......6"
45 INPUT"⬛⬛WAHL:";W:PRINTCHR$(147)
50 ONWGOSUB200,300,400,500,600,700
55 PRINT"⬛⬛SOLL EINE WEITERE","BERECHNUNG DURCHGE-","FUEHRT WERDEN";
60 INPUT" [J/N]";WB$
65 IFWB$="J"THEN1
70 END
75 ER=XR*YR-XI*YI
80 EI=XR*YI+XI*YR
85 RETURN
90 YI=-YI
95 GOSUB75
100 Z=1/(YR↑2+YI↑2)
105 ER=ER*Z:EI=EI*Z
110 RETURN
115 ZR=2*XR/(1-XR↑2-XI↑2)
120 ZI=LOG((XR↑2+(XI+1)↑2)/(XR↑2+(XI-1)↑2))
125 ER=.5*ATN(ZR)+π/2:EI=ZI/4
130 RETURN
200 PRINT"EINGABE:"
205 PRINT"⬛Y","1":PRINT"⬛Z","2"
210 INPUT"⬛WAHL:";ZZ
215 INPUT"⬛⬛REALT.:";YR
220 INPUT"⬛IMAGT.:";YI
225 XR=1:XI=0:GOSUB90
230 IFZZ=2THEN240
235 PRINT"⬛⬛Z=";ER;"+J";EI:RETURN
240 PRINT"⬛⬛Y=";ER;"+J";EI:RETURN
300 PRINT"EINGABE P:"
305 INPUT"⬛REALT.:";XR
310 INPUT"⬛IMAGT.:";XI
315 BT=SQR(XR↑2+XI↑2)
320 SW=(BT+1)/(1-BT)
325 PRINT"⬛⬛VSWR=";SW:RETURN
400 PRINT"EINGABE P:"
405 INPUT"⬛ REALT.:";XR
410 INPUT"⬛ IMAGT.:";XI
415 AN=ATN(XI/XR)
420 XM=(AN-π)/(4*π)
422 IFXM<0THENXM=XM+.5:GOTO422
425 PRINT"⬛⬛X-MIN=";XM:RETURN
500 INPUT"EING.VSWR= ";SW
505 INPUT"⬛EING.X-MIN=";XM
510 PRINT"⬛EING.Z0:"
515 INPUT"⬛ REALT.=";ZR:INPUT"⬛ IMAGT.=";ZI
520 PB=(SW-1)/(SW+1)
525 PW=4*π*XM+π
530 XR=1+(PB*COS(PW))
535 XI=PB*SIN(PW)
540 YR=1-(PB*COS(PW))
545 YI=PB*SIN(PW)*-1:GOSUB90
550 YR=ER:YI=EI
555 XR=ZR:XI=ZI:GOSUB75
560 PRINT"⬛⬛ZL=";ER;"+J";EI:RETURN
600 PRINT"EING.ZL:"
605 INPUT"⬛ REALT.:";XR
610 INPUT"⬛ IMAGT.:";XI
615 PRINT"⬛EING.Z0:"
620 INPUT"⬛ REALT.:";YR
625 INPUT"⬛ IMAGT.:";YI
630 GOSUB90
635 XR=ER-1:XI=EI
640 YR=ER+1:YI=EI
645 GOSUB90
650 PRINT"⬛⬛PL=";ER;"+J";EI:RETURN
700 PRINT"EING.PL:"
705 INPUT" REALT.:";PR
710 INPUT" IMAGT.:";PI
715 PRINT"EING.Z0:"
720 INPUT" REALT.:";WR
725 INPUT" IMAGT.:";WI
730 INPUT"A=";A
735 INPUT"X=";X
740 PB=SQR(PR↑2+PI↑2)*((10↑(-.1*A))↑X)
745 PW=ATN(PI/PR)-4*π*X+π
750 PR=PB*COS(PW):PI=PB*SIN(PW)
755 XR=1+PR:XI=PI:YR=1-PR:YI=PI*-1:GOSUB90
760 YR=ER:YI=EI:XR=WR:XI=WI:GOSUB75
765 PRINT"⬛P(X)=";PR;"+J";PI
770 PRINT"⬛Z(X)=";ER;"+J";EI:RETURN
```

Beispiel 3.13.1:

```
   HF-LEITUNGSTECHNIK          EINGABE:
   ====================
                               Y          1

Y=F(Z);Z=F(Y).......1          Z          2

SWR=F(P)...........2           WAHL:? 1

X-MIN=F(P).........3
                               REALT.:? 2.3
ZL=F(SWR,X-MIN,Z0)..4
                               IMAGT.:? 4.5
PL=F(ZL,Z0)........5

P(X),Z(X)=                     Z= .0900548159 +J-.176
 F(PL,Z0,A,X).......6          194205


WAHL:? 1                       SOLL EINE WEITERE
                               BERECHNUNG DURCHGE-
                               FUEHRT WERDEN [J/N]? N
```

Bei den weiteren Beispielen wird auf das stets gleiche Menü verzichtet.

Beispiel 3.13.2:

```
EINGABE P:

REALT.:? 4

IMAGT.:? 3


VSWR=-1.5


SOLL EINE WEITERE
BERECHNUNG DURCHGE-
FUEHRT WERDEN [J/N]? N
```

Beispiel 3.13.3:

```
EINGABE P:

 REALT.:? 2

 IMAGT.:? -4


X-MIN= .161895904


SOLL EINE WEITERE
BERECHNUNG DURCHGE-
FUEHRT WERDEN [J/N]? N
```

Beispiel 3.13.4:

```
EING.VSWR= ? 2

EING.X-MIN=? .15

EING.Z0:

 REALT.=? 50

 IMAGT.=? 0


ZL= 49.1044693 +J-35.0
258441


SOLL EINE WEITERE
BERECHNUNG DURCHGE-
FUEHRT WERDEN [J/N]? N
```

Beispiel 3.13.5:

```
EING.ZL:

 REALT.:? 10

 IMAGT.:? -20

EING.Z0:

 REALT.:? 50

 IMAGT.:? 0


PL=-.5 +J-.5


SOLL EINE WEITERE
BERECHNUNG DURCHGE-
FUEHRT WERDEN [J/N]? N
```

Beispiel 3.13.6:

```
EING.PL:
 REALT.:? -.876106194
 IMAGT.:? .14159292
EING.Z0:
 REALT.:? 50
 IMAGT.:? 0
A=? 2
X=? 2.2


P(X)= .287561824 +J .1
45380529


Z(X)= 84.7518921 +J 27
.4975457


SOLL EINE WEITERE
BERECHNUNG DURCHGE-
FUEHRT WERDEN [J/N]? N
```

3.14 Netzwerkanalyse

Dieses an letzter Stelle vorgestellte Programm ist zugleich auch das komplexeste. Es soll damit eine Möglichkeit zur raschen Ermittlung des Frequenzverhaltens eines beliebigen Netzwerkes aufgezeigt werden.

Der Anwender zeichnet sich zunächst sorgfältig das Schaltbild des zu analysierenden Netzwerkes auf. Als Bauelemente akzeptiert das Programm ohmsche Widerstände (R), Kapazitäten (C), Induktivitäten (L) und spannungsgesteuerte Stromquellen (Q), andere Bauelemente müssen entsprechend umgewandelt werden. Anschließend müssen alle Knoten des Netzwerkes durchnumeriert werden, wobei grundsätzlich 1 der Eingangsknoten, 2 der Ausgangsknoten und 0 der gemeinsame Bezugspunkt ist. Bild 3.17 zeigt ein Beispiel.

Nacheinander sind dann die Anzahl der Knoten (0 nicht mitgezählt), die Frequenz (in Hz), sowie die Art (R, L, C, Q) und die Werte (in den Grundeinheiten Ohm, Henry, Farad, Siemens) aller Bauelemente einzugeben.

Beispiel:

Anzahl der Knoten:	3
Art des Bauelements:	R
Wert des Bauelements:	100
von Knoten:[*]	1
zu Knoten:	2
weitere Bauelemente? (J/N)	N
Frequenz:	1 E 5

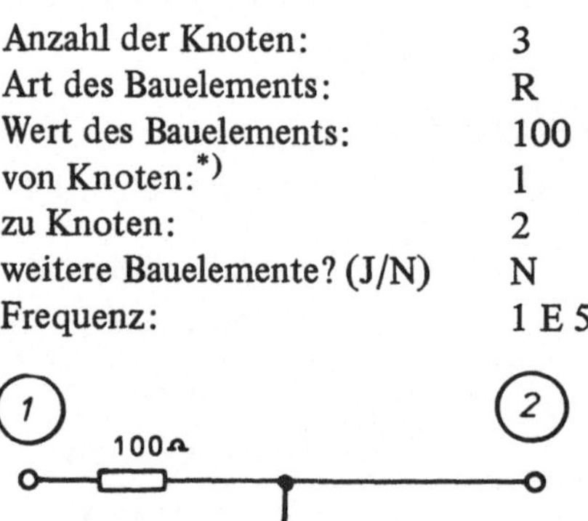
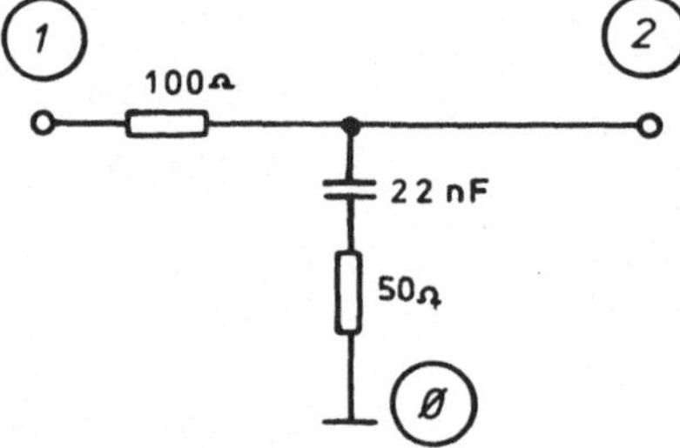

Bild 3.17 Beispiel für Bezeichnungen

Für die Eingabe der spannungsgesteurten Stromquellen ist grundsätzlich zu beachten, daß der gesteuerte Strom $I = g \cdot U$ vom „von"- zum „nach"-Knoten gerichtet ist. Es ist weiterhin die zugehörige Steuerspannung U zu berücksichtigen (Bild 3.18).

---

[*] 0 darf nicht der „von"-Knoten sein.

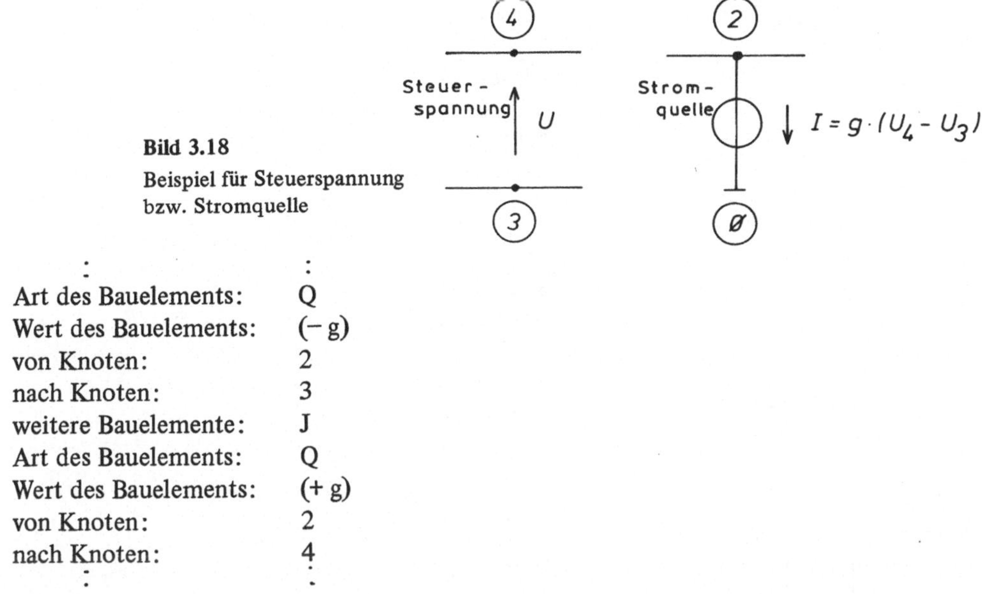

Bild 3.18
Beispiel für Steuerspannung
bzw. Stromquelle

$$\vdots \qquad\qquad \vdots$$

Art des Bauelements: Q
Wert des Bauelements: (− g)
von Knoten: 2
nach Knoten: 3
weitere Bauelemente: J
Art des Bauelements: Q
Wert des Bauelements: (+ g)
von Knoten: 2
nach Knoten: 4

$$\vdots \qquad\qquad \vdots$$

Im anschließenden Programmablauf werden dann die Verstärkung/Dämpfung des Netzwerkes in Dezibel sowie die Phasenverschiebung in Grad berechnet und angezeigt.

Das im Programm benutzte Verfahren basiert letztlich auf den Kirchhoff'schen Gesetzen.
Das Netzwerk mit n Knoten wird in einer komplexen n x n Leitwert-Matrix zusammen-
gefaßt. Der Aufbau gestaltet sich wie folgt:

— Y_{ik} sei der komplexe Leitwert eines gegebenen Bauteils, das die Knoten i und j ver-
  bindet
— zum Matrixelement Y_{ii} wird der Leitwert Y_{ik} addiert
— zum Matrixelement Y_{kk} wird der Leitwert Y_{ik} addiert, sofern $k \neq 0$
— zum Matrixelement Y_{ik} wird der Leitwert $- Y_{ik}$ addiert
— zum Matrixelement Y_{ki} wird der Leitwert $- Y_{ik}$ addiert
— die oben beschriebenen Punkte sind zu wiederholen bis alle Bauelemente in dieser
  Form in die Matrix eingebracht sind
— die n x n Matrix wird auf die 2 x 2 Submatrix

$$\begin{matrix} Y'_{11} & Y'_{12} \\ Y'_{21} & Y'_{22} \end{matrix}$$

reduziert. Damit liegt dann die Vierpolmatrix des zu analysierenden Netzwerkes vor.
— Folgende Gleichungen führen zu den gesuchten Werten:

$$\frac{U_2}{U_1} = 20 \cdot \log \left| \frac{- Y'_{21}}{Y'_{22}} \right| \qquad\qquad \{\text{Dezibel}\}$$

$$\phi = \arctan \frac{\text{Imag} \, (- Y'_{21} / Y'_{22})}{\text{Realt} \, (- Y'_{21} / Y'_{22})} \qquad\qquad \{\text{Grad}\}$$

Das *Flußdiagramm* für dieses *Programm* NETZWERKANALYSE erklärt die logischen
Zusammenhänge.

Netzwerkanalyse

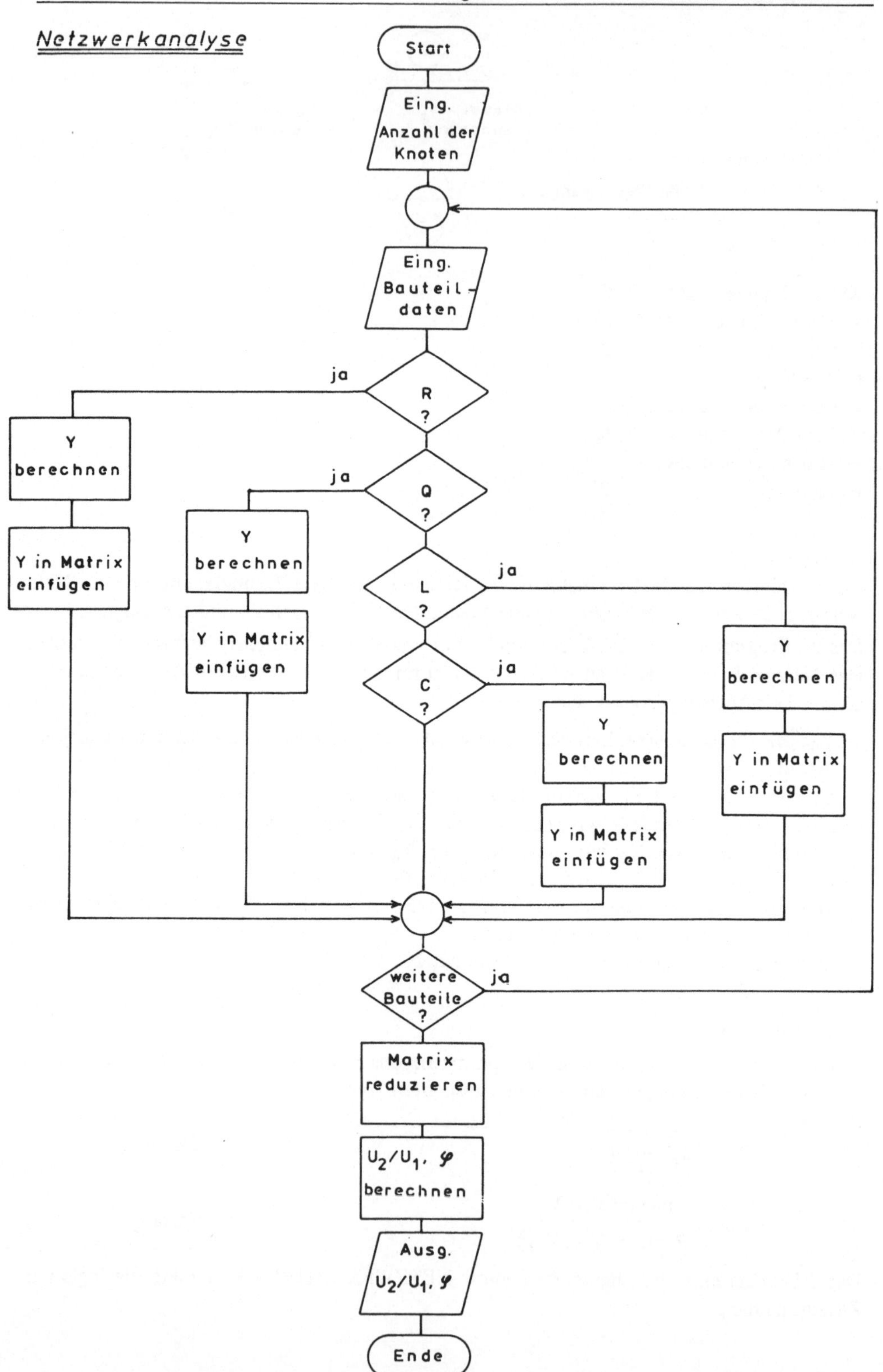

NETZWERKANALYSE

```
1 POKE36879,127:PRINT"⊐   ■NETZWERKANALYSE■"
5 PRINT"XXXANZAHL DER":INPUT"KNOTEN     ";N:DIMR(N*11):DIMI(N*11)
10 PRINT"XXEINGABE DER BAUTEILE:■ "
15 AZ=1
20 INPUT"XXART:   ";A$(AZ)
25 INPUT"XXWERT:  ";W(AZ)
30 INPUT"XXVON:   ";F(AZ)
35 INPUT"XXNACH:  ";T(AZ)
40 PRINT"XXXWEITERE BAUTEILE(J/N)":INPUTW$
45 PRINT"⊐"
50 IFW$="J"THENAZ=AZ+1:GOTO20
55 PRINT"FUER WELCHE FREQUENZ","SOLLEN DIE PARAMETER","BERECHNET WERDEN"
60 INPUTFQ
65 FORL=1TOAZ
70 IFA$(L)="R"THENW(L)=1/W(L):GOSUB100
75 IFA$(L)="Q"THENGOSUB200
80 IFA$(L)="L"THENW(L)=-1/(2*π*FQ*W(L)):GOSUB300
85 IFA$(L)="C"THENW(L)=2*π*FQ*W(L):GOSUB400
90 NEXTL
95 GOTO500
100 M=F(L)*11:R(M)=R(M)+W(L)
105 M=T(L)*11:R(M)=R(M)+W(L)
110 M=F(L)*10+T(L):R(M)=R(M)-W(L)
115 M=T(L)*10+F(L):R(M)=R(M)-W(L)
120 RETURN
200 M=F(L)*10+T(L):R(M)=R(M)+W(L)
210 RETURN
300 M=F(L)*11:I(M)=I(M)-W(L)
305 M=T(L)*11:I(M)=I(M)-W(L)
310 M=F(L)*10+T(L):I(M)=I(M)-W(L)
315 M=T(L)*10+F(L):I(M)=I(M)-W(L)
320 RETURN
400 M=F(L)*11:I(M)=I(M)+W(L)
405 M=T(L)*11:I(M)=I(M)+W(L)
410 M=F(L)*10+T(L):I(M)=I(M)+W(L)
415 M=T(L)*10+F(L):I(M)=I(M)+W(L)
420 RETURN
500 NN=N
505 R4=NN*11
510 IFR4=22THEN700
515 LO=(NN-1)*11
520 LU=(NN-1)*10+1
530 X=1
535 FORR1=LOTOLUSTEP-1
540 R3=R1+X*10:R2=LO+1
545 GOSUB580
550 NEXTR1
555 IFLU=11THENNN=NN-1:GOTO505
560 LO=LO-10
565 LU=LU-10
570 X=X+1
575 GOTO535
580 ER=R(R2)*R(R3)-I(R2)*I(R3)
585 EI=R(R2)*I(R3)+I(R2)*R(R3)
590 EZ=R(R4)↑2+I(R4)↑2
595 IFEZ=0THENEZ=1E-30
600 NR=(ER*R(R4)+EI*I(R4))/EZ
605 NI=(EI*R(R4)-ER*I(R4))/EZ
610 R(R1)=R(R1)-NR
615 I(R1)=I(R1)-NI
620 RETURN
700 Z=R(22)↑2+I(22)↑2:IFZ=0THENZ=1E-30
705 ER=(-R(21)*R(22)-I(21)*I(22))/Z
710 EI=(-I(21)*R(22)+R(21)*I(22))/Z
712 E2=SQR(ER↑2+EI↑2)
715 A=20*LOG(E2)/LOG(10)
720 PH=ATN(EI/ER)/π*180
725 PRINT"⊐BEI DER FREQUENZ:X":PRINTFQ;"[HZ]"
730 PRINT"XERGEBEN SICH FOLGENDE ";"UEBERTRAGUNGSWERTE:X"
735 PRINT"AMPLITUDE:";A;"[DB]"
740 PRINT"XPHASE    :";PH;"[GRAD]"
```

Beispiel 3.14.1 gilt für die zuvor beschriebene Schaltung.

```
    NETZWERKANALYSE


ANZAHL DER
KNOTEN    ? 3

EINGABE DER BAUTEILE:


ART:  ? R

WERT: ? 100

VON:  ? 1

NACH: ? 2


WEITERE BAUTEILE(J/N)
? J
```

```
FUER WELCHE FREQUENZ
SOLLEN DIE PARAMETER
BERECHNET WERDEN
? 1E5
```

```
ART:  ? C

WERT: ? 22E-9

VON:  ? 2

NACH: ? 3


WEITERE BAUTEILE(J/N)
? J
```

```
BEI DER FREQUENZ:

 100000 [HZ]
```

```
ART:  ? R

WERT: ? 50

VON:  ? 3

NACH: ? 0


WEITERE BAUTEILE(J/N)
? N
```

```
ERGEBEN SICH FOLGENDE
UEBERTRAGUNGSWERTE:

AMPLITUDE:-5.54627287
[DB]

PHASE    :-29.6022538
[GRAD]
```

Literaturnachweis

[1] *Herter/Röcker:* Nachrichtentechnik, 1. Auflage. Hanser Verlag München 1976
[2] *Steinbuch/Rupprecht:* Nachrichtentechnik, 2. Auflage. Springer Verlag Berlin 1973
[3] *Küpfmüller:* Theoretische Elektrotechnik, 10. Auflage. Springer Verlag Berlin 1973
[4] *ITT:* Reference Data for Radio Engineers, 6th Edition. Howard W. Sams & Co Inc. Indianapolis 1979
[5] *Tietze/Schenk:* Halbleiter-Schaltungstechnik, 3. Auflage. Springer Verlag Berlin 1976
[6] *Hicks:* Standard Handbook of Engineering Calculations. McGraw-Hill New York 1972
[7] *Giacoletto:* Eletronics Designers' Handbook, 2nd Edition. McGraw-Hill New York 1977
[8] *Heathkit/Zenith Educational Systems:* Phase-Locked Loops, 1st Edition. Heath co Benton Harbor Michigan 1981
[9] *Bronstein/Semendjajew:* Taschenbuch der Mathematik, .7 Deutsche Ausgabe. Verlag Harri Deutsch
[10] *Selder:* Einführung in die Numerische Mathematik für Ingenieure. Hanser Verlag München 1973

Sachwortverzeichnis

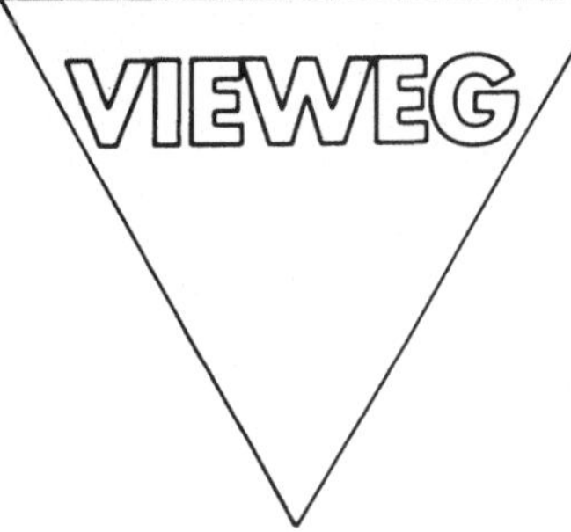

Dieter Lange

Algorithmen der Netzwerkanalyse für programmierbare Taschenrechner (HP-41 C)

1982. VIII, 116 S. mit 52 Beisp. 16,2 X 22,9 cm. (Anwendung programmierbarer Taschenrechner, Bd. 12.) Br.

In diesem Band werden universelle, für programmierbare Taschenrechner besonders geeignete Verfahren zur Berechnung von Spannungen, Strömen und Widerständen elektrischer Netzwerke behandelt.

Die vorgeschlagenen und an 52 Schaltungsbeispielen gezeigten Algorithmen können als Input für Netzwerkprogramme auf beliebigen Rechnern dienen. Die Realisierung in zwei HP-41 C-Programmen wird ausführlich besprochen. Diese Programme sind allgemein in der Weise, daß mit ihnen ausnahmslos alle linearen RLC-Netzwerke mit starren Quellen berechnet werden können.

Dieter Lange

Standardprogramme der Netzwerkanalyse für BASIC-Taschencomputer (CASIO)

1982. X, 202 S. mit 55 Schaltungsaufgaben. 16,2 X 22,9 cm. (Anwendung programmierbarer Taschenrechner, Bd. 18.) Br.

Inhalt: Einleitung — Formeln der Netzwerkanalyse — Programm Komplexe Arithmetik ACOM — Programm Komplexer Gauß-Algorithmus CCOM — Reduktionsprogramm RED — Programm Knotenpunktpotentialverfahren NV — Literaturverzeichnis — Sachwortverzeichnis.

Die Programme zur Netzwerkanalyse sind in diesem Band in BASIC für den Taschencomputer CASIO FX-702 P geschrieben. Bei Berücksichtigung der Dialekte läßt sich dieses Buch auch für andere BASIC-Taschencomputer verwenden.

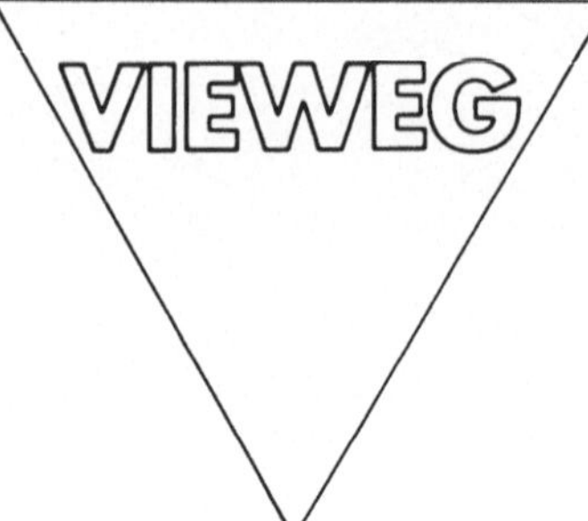

Erwin Böhmer

Elemente der angewandten Elektronik

Kompendium für Ausbildung und Beruf. 2., neubearb. und erw. Aufl. 1983. VIII, 320 S. mit 488 Abb. 16,8 X 24 cm (Viewegs Fachbücher der Technik.) Br.

Dieses Buch gibt eine zusammenfassende Darstellung der für die angewandte Elektronik wesentlichen Bauelemente und Grundschaltungen. Es ist in 127 Sachthemen gegliedert und führt den Leser systematisch von der Darstellung einfacher Bauelemente und Schaltungen zum System mit einem höheren Entwicklungsgrad. Jedes Thema umfaßt zwei gegenüberliegende Buchseiten mit einer Text- und Bildseite. Zahlreiche Schaltungsbeispiele, konkret mit tatsächlichen Kennlinien und mit Dimensionierungsrechnung belegt, unterstützen das Verständnis des knapp gefaßten Textes. Komplizierte Zusammenhänge werden durch Modelle und Ersatzbilder anschaulich dargestellt.

Erwin Böhmer

Rechenübungen zur angewandten Elektronik

1981. VII, 132 S. mit 90 Aufg. und Lösungen. 16,5 X 24 cm (Viewegs Fachbücher der Technik.) Br.

Inhalt: Widerstände und Dioden — Kondensatoren und Widerstände — Spulen, Schwingkreise und Überträger — Feldeffekttransistoren — Bipolare Trasistoren — Operationsverstärker.